UMA MENINA BONITA & INTELIGENTE

PAOLO BARTOLINI

UMA MENINA BONITA & INTELIGENTE

Labrador

© Paolo Bartolini, 2023
Todos os direitos desta edição reservados à Editora Labrador.

Coordenação editorial PAMELA OLIVEIRA
Assistência editorial LETICIA OLIVEIRA, JAQUELINE CORRÊA
Projeto gráfico, diagramação e capa AMANDA CHAGAS
Preparação de texto LAILA GUILHERME
Revisão LIGIA ALVES
Tradução CIBELE PERONI
Imagens de capa GERADAS VIA PROMPT MIDJOURNEY

Dados Internacionais de Catalogação na Publicação (CIP)
Jéssica de Oliveira Molinari - CRB-8/9852

BARTOLINI, PAOLO
   Uma menina bonita e inteligente/ Paolo Bartolini.
São Paulo : Labrador, 2023.
   112 p.

   ISBN 978-65-5625-383-1

   1. Literatura italiana I. Título

23-4024   CDD 853

Índice para catálogo sistemático:
1. Literatura italiana

Labrador

Diretor geral DANIEL PINSKY
Rua Dr. José Elias, 520, sala 1
Alto da Lapa | 05083-030 | São Paulo | SP
contato@editoralabrador.com.br | (11) 3641-7446
editoralabrador.com.br

A reprodução de qualquer parte desta obra é ilegal e configura uma apropriação indevida dos direitos intelectuais e patrimoniais do autor. A editora não é responsável pelo conteúdo deste livro. O autor conhece os fatos narrados, pelos quais é responsável, assim como se responsabiliza pelos juízos emitidos.

A Keiko e a Giovanni

Uma menina bonita e inteligente

– I –
Na escola

É uma fresca manhã de outubro e quatro crianças, dois meninos e duas meninas, estão caminhando no meio dos campos entre as colinas de Serravalle. Elas vêm de diversas fazendas e tiveram que levantar cedo para chegar em tempo à escola, no Castelletto. Entre elas está a Rita, que agora tem doze anos completos: nasceu de fato em 1878, exatamente no ano — lhe conta sempre o seu pai Giosuè — em que morreu o velho papa Pio IX e foi feito papa Leão XIII... e também Umberto I virou rei. Quantas coisas!

"Morto um papa, se faz outro", dizia sempre sua mãe, que agora está no céu. Ela morreu no momento em que nasceu seu irmãozinho Riccardo, atualmente com apenas dois anos.

Mas ir para a escola não é uma coisa ruim, os quatro estão bem contentes. Levantaram-se às seis. A Zanéina, que quer dizer Zvanéina, ou, em italiano, Giovannina, madrasta da Rita, preparou um bom leite quente recém-tirado das vacas, e ela o bebeu comendo uma ótima "crescentina". Outra "crescentina" está na bolsa da escola, juntamente com a cartilha e os cadernos, assim poderá comê-la no intervalo, às dez e meia. Da "Filizéina", a fazenda do pai, são pelo menos cinco quilômetros para chegar à escola, mas para as quatro crianças é um lindo passeio. Para elas os dias são bem bonitos, e a alegria as faz correr, saltar e gritar, umas para as outras, palavras entusiasmadas em dialeto bolonhês.

"Não fala mais em dialeto!", grita a Teresinha para a Rita, meio em italiano, "que depois a professora te repreende. Ontem ela falou que mesmo entre nós temos que procurar não falar o 'galeto'!"

A Rita retruca, rindo: "Sim, exatamente ela, que sabe o italiano menos que nós. Ela mistura um pouco de tudo. Toda manhã ela vem de Bazzano na charrete do Doutor e falam somente dialeto... Eu os ouvi. Ela tem sessenta anos e nasceu quando ainda não existia a Itália. Talvez ainda tivesse Napoleão e os franceses. O meu papai me fala sempre isso. Mas o que você quer que ela saiba?! O papai Giosuè, sim, que sabe tudo. Você, Arnaldo, sabe que ele fez a guerra para conquistar Roma através da 'Brecha de Porta Pia'[1]? Mas claro que você não sabe, você é mais burro que uma porta!"

Por ser o mais tímido de todos e falar pouco, Arnaldo só consegue responder: "Somente você sabe tudo e nunca cala a boca!".

Rita é a mais bonita de todas as meninas da escola, tem belos cabelos pretos compridos e olhos verdes... mas que gênio! E é uma das mais inteligentes. Agora ela e a Teresinha foram admitidas na sexta série, a classe mais adiantada da cidade: a maioria das crianças nem chega à quinta, ou nem vai para a escola porque logo vão trabalhar nos campos, ordenhar as vacas ou levar as ovelhas para o pasto. Ah, se soubesse disso o rei Umberto, que, como falou ontem a professora, gostaria que todas as crianças do Reino da Itália fossem para a

---

[1] Assalto às muralhas de Roma por parte do exército italiano, que conseguiu entrar através de uma brecha feita numa porta (Porta Pia) das mesmas muralhas.

escola... Meninas, então, são bem poucas. A professora falou que em Monteveglio, onde existem quatro classes do primário com 118 alunos, há somente doze meninas.

"Mas está certo assim", diz Celso. "As meninas são todas estúpidas e têm que ficar em casa para lavar a roupa, preparar a comida e cuidar das crianças pequenas!"

A essa altura já haviam feito um bom trajeto e saíram das trilhas para chegar na estrada principal, que liga a igreja de Sant'Apollinare ao Castelletto. Aí tem o "Hospitalinho", um altarzinho com a imagem da Virgem que lembra os mortos da peste, e exatamente naquele momento está passando o Marião com a sua carroça, que carrega para a cidade os tijolos feitos no "Fornacione".

"Mario, Mario, para um pouco que nós vamos também!"

E assim, como em outras vezes, o bom homem deixa eles subirem na carroça levando-os até o Castelletto. Ainda bem que tem a descida do "Sartinho", de outra forma o coitado daquele cavalo teria morrido com toda aquela carga! A escola está lá no prédio da prefeitura, atrás do centro da cidadezinha, atrás daquele "andavein" (será que se fala "andavino" em italiano? Mas o que significa?) todo cheio de casas velhas meio em ruínas, e vielas estreitas. Tem até pequenas lojas escondidas, como aquela do Aldéin, o sapateiro. A prefeitura, porém, é um prédio novo... ou quase! Foi construído quando o município foi transferido para o Castelletto de Castel de Serravalle, lá em cima na colina, onde ainda há o velho castelo medieval com a ponte levadiça. A Rita sabe bem disso, porque o papai sempre lhe conta as histórias daquele terrível senhor que se chamava "Boca de Ferro"

(Bacca id fer) e tinha matado não se sabe quantas esposas, fazendo-as cair, e também a seus próprios inimigos, naquele poço todo cheio de espadas viradas para cima!

Os meninos sobem ao andar onde está a classe deles: doze alunos divididos entre quinta e sexta série, com a mesma professora. Na sexta série há somente duas meninas, a Rita e a Teresinha, por sinal as melhores alunas da cidade. No andar de baixo há apenas duas classes: uma com as crianças menores da primeira e da segunda e outra de terceira e quarta séries. Essas são as únicas classes do Castelletto: só a professora das nossas crianças vem de Bazzano; as outras professoras são de aldeias perto do Castelletto, Tiola e Ziribega, e elas falam ainda menos o italiano. Dizem, porém, que o Giulio Vignali, o professor mais jovem, sabe muita matemática, e também astronomia. Por várias noites foi visto lá no alto da colina de Tióla, onde mora, a observar, a Lua e as estrelas com uma luneta, e ninguém sabe onde a conseguiu.

"Bom dia, senhora professora!", dizem as quatro crianças, entrando na sala.

"Bom dia, meninos!", responde a professora Zanardi, senhora Maria Zanardi. "Vocês estão atrasados dez minutos! Lembrem-se que as aulas começam às oito. Mais um pouco e já íamos começar a cantar o hino nacional sem vocês."

"Foi tudo culpa do cavalo do Marião. Andava tão devagar... parecia aleijado!", diz a Rita.

"Mas então por que não vieram a pé, se vocês iam mais depressa?"

A Rita, porém, já sabe que é melhor não contestar, pois a professora tem sempre razão.

"Agora vamos fazer a chamada, e depois todos de pé para cantarmos o hino da Itália."

"Aldrovandi Pietro",

"Presente";

"Collina Giuseppe",

"Presente";

"Masetti Rita",

"Presente"...

E assim para todos os outros.

O hino, todos sabem, fala dos Savoia, do rei, que fizeram a Itália e caçaram aqueles "malvados" dos austríacos, aqueles que falavam alemão e não deixavam livres os italianos.

"Agora, meninos, vocês têm que saber que hoje celebramos o Tratado de Uccialli, feito na África pelo nosso rei, Umberto I, com o Negus Giovanni IV. A Eritreia agora tornou-se italiana! Muitos dos nossos soldados morreram lá, para conquistar aquelas terras. Mas agora, enfim, também esses negrinhos viverão melhor, irão para a escola e não sofrerão mais a fome e as doenças como antes. Aprenderão o italiano e, especialmente, conhecerão o verdadeiro Deus e a verdadeira fé. Agora peguem seus cadernos e suas canetas, olhem se há tinta no tinteiro, de outra forma vamos chamar o bedel, o Pierone, que vai enchê-lo, e comecem a escrever o ditado: antes um mais fácil para os alunos da quinta, e depois outro mais difícil para aqueles da sexta."

"Mas, senhora professora", diz a Rita Masetti, "o Celso colocou um besouro no tinteiro e agora ele voa por todo lado sujando a minha roupa!"

"Celso, sai daí e vai logo atrás da lousa, com a cara contra a parede. Se você fizer outra coisa assim, será expulso de todas as escolas do Reino!"

Tomara, pensa ele enquanto vai cabisbaixo à sua punição. *Prefiro ficar lá na montanha a cuidar das ovelhas que aguentar todo dia essa professora...*

Após o ditado, a professora dá um pouco de aritmética — o Celso também já voltou ao seu assento —, com multiplicações e divisões que dão nós na cabeça. Aí a Rita se sai bem, mas a melhor é a Teresinha, que sempre é mais rápida nos cálculos.

"Agora, meninos, vocês têm vinte minutos de intervalo, até as dez e meia", diz a professora, "e podem comer alguma coisa, se vocês trouxeram."

Então logo todos saem das carteiras pegando seus pacotinhos, feitos com aquele papel de quitanda ou com alguns guardanapos velhos e meio rasgados. Todos têm também alguma coisa para beber: água, limonada, suco de uva...

"E você, Celso, o que é que está tomando agora?", pergunta a professora. "Parece vinho."

"Sim, eu sei, senhora professora, é a minha avó que sempre o prepara; parece vinho, mas é *tarzanel, tarzanello*; há mais água que vinho, e eu nem gosto muito! Mas ela sempre fala que 'faz bom sangue'!"

Agora todos falam em voz alta. Quase todos em dialeto, mas a professora aparenta não ouvir. A Rita come a sua "crescentina", que ela adora. A Zanéina colocou no meio também um pouco de manteiga e açúcar, daquela manteiga que ela prepara batendo horas e horas o creme de leite com o garfo, e a Rita fica em pé perto da janela falando com a Teresinha, que, por sua vez, come um bom pãozinho recheado de linguiça.

"Sabe, Teresinha, que hoje à tarde, chegando em casa, vou ter que varrer e limpar quase toda a casa! A madrasta me faz trabalhar como uma louca. Deverei também dar comida para as vacas e até para os porcos, e cuidar daquele estupidozinho do meu irmãozinho Riccardo."

"Mas o teu papai não diz nada? Está feliz assim?"

"O que quer que ele diga? Certo é que não pode sempre brigar com sua mulher. Um dia, sabe, ouvi ele dizer que quase queria matá-la!"

"Mas o que está falando?"

"Sim, é assim mesmo, e ele tinha até razão. Sabe do que ele se deu conta? Que ela dormia sempre... sabe com o quê debaixo do travesseiro? Sabe com o quê?"

"Com o quê, com o quê?, fala para mim!"

"Com um *pudatt*! Como se fala em italiano, aquele para cortar madeira..."

"Sim, entendi, acho que se chama machado... Nossa Senhora, mas o que ela queria fazer?!"

"Não sei, ela falou somente que assim ela conseguia dormir melhor... O papai então virou uma fera e falou para ela que, se encontrasse ainda aquela coisa debaixo do travesseiro, expulsava da casa ela com o seu machado! Então ela ficou calada e acho que não o coloca mais. Eu ouvi tudo porque estava atrás da porta."

"Mas então é louca", diz a Teresinha.

"Não sei se é louca, mas o papai aguenta ela um pouco assim. Ele, você sabe, trabalha na sua marcenaria: o chamam 'Giosuá id Mistrein, mestre marceneiro', e fica lá o dia inteiro trabalhando muito e acho que está meio cansado da Zanéina. Ele gostava da mamãe... Todos o conhecem e vêm até de longe, porque constrói as rodas para charretes e carroças, as mais bonitas e fortes que há!"

"Agora chega, meninos, o intervalo acabou, e ainda temos que fazer história e geografia. Voltem para suas carteiras e guardem as comidas. Todos sabem qual é a capital da Itália e se faz muito tempo que ela é?"

"Eu, eu", diz a Rita. "A capital da Itália é Roma, onde ficam o papa e o Rei Umberto I, e ela se tornou capital pouco antes de eu nascer, porque até o meu papai foi lá para conquistá-la através da 'Brecha de Porta Pia'."

"É verdade, Rita, muito bem, porque antes era Firenze e ainda antes Torino. Mas uma coisa que vocês têm que saber é que o papa fica em Roma, mas está fechado no 'seu' Vaticano. Ele não está nada feliz que Roma seja capital da Itália, porque os italianos a tiraram dele. Mas ele é o chefe da Igreja toda e de todos os católicos do mundo, que são muito mais que os italianos."

A este ponto, os alunos ficam um pouco calados. O que importa para eles se o papa e o rei não se dão bem? E a Rita pensa em Roma...

Quem sabe como é? Quem sabe se nunca irei visitá-la? De todos os meus colegas, somente alguns foram até Bazzano, e aquele que foi mais longe é o Arnaldo, que foi até Módena, com a carroça do seu papai, quando foram lá para vender toda fruta e verdura que tinha sobrado e não conseguiam mais vender aqui. Demoraram dois dias e dormiram pela estrada. Arnaldo diz sempre que lá viram também a estação com um trem longo, tão longo que corria bem veloz e fazia uma barulheira de loucos, no meio de toda aquela fumaça que saía da chaminé da locomotiva.

Mas agora a professora já está falando de história antiga, sempre de Roma e de Júlio César, que há cerca de dois mil anos conquistou a Gallia... que na verdade seria a França.

Quem sabe por que ele tinha dois nomes e nenhum sobrenome, como o professor dos mais pequenos, que se chama Giulio Vignali..., pensa a Rita.

E assim, ao meio-dia e meia as aulas terminam. Até que enfim.

"Até logo, senhora professora", e todos correm pela cidadezinha, indo para suas casas, perto ou longe. A Rita desce junto com a Teresinha, toda preocupada porque a sua saia clara, mesmo que seja de tecido rústico e pareça talvez de cânhamo, está agora cheia de manchas de tinta preta.

"Aquele Celso é mesmo um malvado. O que vai dizer agora a Zanéina?"

"Não deixe que fale nada", responde a Teresinha. "De qualquer forma é você que depois deverá lavá-la..."

Naquele momento, exatamente na saída da escola, que também é aquela da prefeitura, elas veem chegar o Aniceto do Peri, pelo nome do pai, Pietro. Ele é um jovem que já tem dezesseis ou dezessete anos: não é feio, mesmo não sendo nada alto e um pouco gorducho. As duas meninas olham para ele e ele também as olha, especialmente a Rita: parece querer dizer alguma coisa, mas é um pouco acanhado, talvez tímido.

"Você viu como te olhou?", logo fala a Teresinha. "Ele deve gostar de você! Já vi outras vezes também como te olhava."

"Mas não, eu nem gosto muito dele. E depois, se meu papai sabe que já penso em namoradinhos... Ele sempre diz que até dezesseis anos nem pensar, e agora não tenho nem onze... E é ele que deve dizer se aquele é o certo."

"De qualquer forma, todos dizem que é um rapaz muito bom", continua a amiga. "Ele também frequentou até a sexta e era o melhor. Além disso, ele gosta muito de ler. Sabe que todos os dias lê aquele jornalzinho, como se chama... o *Resto do Carlino*, aquele que te dão quando vai fazer compras... E sabe tudo sobre o rei, a rainha e também sobre a guerra da África e o novo papa. Depois ele circula pela cidade para informar todo mundo. É chamado 'o informador'. Dizem que leu até alguns cantos do *Inferno de Dante*, o livro que lhe emprestou o padre. Agora parece que já faz alguns trabalhos na prefeitura. Ah, tchau, tchau, chegou a minha tia, que veio me buscar porque preciso ajudá-la a lavar a roupa e ficar com as crianças... Adeus, adeus, Rita."

"Adeus, Teresinha."

Assim, a Rita fica sozinha. Não está com medo, mas deverá voltar refazendo a pé o caminho todo. Ali na esquina, perto da prefeitura, tem também a Taberna do Cristoni, e fora tem vários cavalos selados, amarrados à parede. Também há várias mesinhas velhas, com alguns fregueses que bebem vinho e jogam baralho. Quem sabe se já não estão bêbados. Mas não, somente há aquele lá, que se chama Loris, com aquela cara pálida que sempre espanta um pouco todo mundo. Dizem que é um "anarquista". Quem sabe o que significa. Dizem também que nunca vai para a missa aos domingos em

Sant'Apollinare, eu também nunca o vi... Mas não sabe que desse jeito irá para o inferno?

"Olá, menina, você é a Rita do Giosué, não é?", pergunta outro sujeito, sentado ali perto, bem maltrapilho e com um belo cheiro de cocô de vaca. "Fala para o seu pai que amanhã eu vou passar lá na loja dele porque preciso de duas lindas rodas para a minha carroça, e também que a conserte um pouco... se não me cobra caro demais... Fala para ele que quem te falou é o Andríco."

"Bem, bem, vou falar para ele, mas agora tenho que ir, que o caminho é bem longo. Adeus."

E a Rita anda sozinha, com a velha bolsa de couro que era do papai, onde há a cartilha e os cadernos, um pautado e outro quadriculado. Ela anda um pouco correndo, um pouco parando, depois andando devagar. Encontra gente a cavalo ou com carroça que a cumprimenta e vai pensando:

O que farei quando terminar a escola? Ficar sempre aí na casa com a Zanéina, certamente não gostaria. Se fosse homem trabalharia na loja do papai, mas sou mulher. Só não me mandem para ser freira como minha tia Elena... isto eu não gostaria mesmo.

Gostaria até de ter filhos, mas não como a Lisetta do Corrado, que ficou grávida com somente quinze anos... e o pai dela quase a expulsou de casa a pontapés. Ainda bem que o Luisinho casou com ela e agora moram todos lá na Piana, com os pais dele, e trabalham na terra com todos os outros... Filhos até que gostaria de ter muitos, mas uma amiga minha me falou que dói muito quando eles nascem. Mas todas o fazem... E que não sejam tão estúpidos como o meu irmãozinho Riccardo: ainda não sabe nem falar, chora, chora sempre, e a Zanéina bate muito nele para que fique calado. Se a mamãe estivesse aqui, seria bem diferente...

Será que o Aniceto gosta mesmo de mim? Mas no Castelletto e também pelas colinas há muitos até mais bonitos, que às vezes olham para mim na missa aos domingos.

E assim a Rita caminha contente, correndo por aqui e por ali, na subida do "Sartinho", indo para a Filizéina, e canta... canta um pouco a canção da Itália e também aquele canto de igreja: *Queremos Deus, Virgem Maria...*

– II –
Lavando a roupa na Gèra

É uma tarde de sábado de julho e Rita acabou de comer, em seu almoço, um bom prato de tagliatelle feito pela Zanéina. Tanto ela quanto o papai Giosuè gostaram muito, pois estava temperado com aquele molho especial de carne, vermelho de tomate, que só a Zanéina sabe fazer.

"Você viu que, quando quer trabalhar bem, você o sabe fazer?", pergunta Giosuè para a Zanéina, que não sabe se fica contente ou, muito pelo contrário, em alerta. Mas Giosuè hoje está bem-humorado. Bebeu vários copos daquele vinho tinto trazido por um freguês lá da colina da Serra, oferecendo um pouco também para a esposa. As crianças, por sua vez, beberam somente água, no máximo com um pouco de limão e açúcar. Também o pequeninho, Riccardo, comeu um pouco de tagliatelle que lhe enfiaram na boca, mas se lambuzou todo. A Zanéina não o aguenta mais, por isso foi a Rita que teve que lhe dar a comida. Como já tem quase três anos, ele deve se acostumar a comer de tudo, pois não pode continuar somente com leite e mingau. Até um bonito gatinho cinza, todo tigrado, que Riccardo adora, comeu o mesmo prato. Agora o bichinho está numa cadeira, ronronando, e Riccardo o acaricia levemente.

"Hoje já trabalhei o suficiente e vou dar uma volta até o Castelletto", diz Giosuè, que, com seus quarenta anos, de vez em quando quer um pouco de lazer com os amigos, na cantina do Cristoni. "Vocês têm que ir lavar a roupa no rio, não é? Zanéina, você pega também a Rita para levar e lavar toda aquela roupa, e levem também o Riccardinho, que parece estar com vontade de andar e correr. Amanhã, na nossa igreja de Sant'Apollinare, tem a famosa festa 'id loy' (de julho), e todos iremos à missa. Vista-se bem, que à tarde teremos jogos e bailes." E assim ele se encaminha a cavalo na direção do Castelletto, e a esposa com as crianças vão na direção do rio. Ela e Rita carregam na cabeça duas cestas grandes com a roupa para lavar, e o menino as acompanha, um pouco correndo, um pouco tropeçando.

A Gèra, cujo nome em italiano seria torrente Ghiaia, é o rio principal do Castelletto, afluente de outro rio maior, o "Samoggia", os dois quase sempre secos durante o verão e cheios somente de pedras e com algumas lagoinhas, pequenas ou até grandinhas. No outono ou na primavera, porém, com as chuvas, ele fica cheio e pode virar um rio grande e impetuoso, e às vezes destrói a passarela e inunda todos os campos que estão por perto. Agora estamos em julho e tem pouca água, mas ainda há alguma poça bonita que serve maravilhosamente para lavar a roupa.

A pequena família anda por umas trilhas e chega a um lugar onde tem correnteza, pouca, mas que forma um bonito laguinho, em alguns pontos até profundo. E aí, com aqueles belos pedaços de sabão, feito na caldeira com soda e gordura fervendo naquele forno de tijolos, Zanéina e Rita têm bastante trabalho para lavar toda aquela roupa. Há vestidos e calças de todo tipo e também lençóis, e elas lavam e batem acima de uma linda pedra branca.

"Mas o Riccardo onde está?", preocupa-se Rita, "não o estou vendo... Ah, lá está ele, pronto para entrar naquela outra poça que parece até mais profunda que esta!"

E a Rita, que já tem mais de doze anos, corre lá para ajudar o irmãozinho, cheia de medo de que caia na água. "Fica aqui a trabalhar, e 'lassa cal s'afoghe c'al muclaun' (deixa que se afogue aquele melequento)!", grita para ela a Zanéina, em nada preocupada.

A Rita logo pega ele no colo, levando-o perto delas, e encara com ódio, sem falar nada, a madrasta, que agora está rindo com uma cara meio louca.

É verdade, pensa a Rita, que ele sempre tem meleca no nariz, está sempre sujo e se mija na calça, mas a culpa não é dele. Se ainda tivesse a mãe que o quisesse como quis a ela... mas infelizmente é assim, aquela madrasta horrível nem quer vê-lo. Mas por quê? Talvez nem quisesse vê-la, se pudesse... O fato é que Rita lhe serve para todo serviço. E assim continua, lavando roupa e controlando o irmãozinho — que, olhando bem pra ele, é até bonitinho... se estivesse somente um pouco bem cuidado —, que agora está sentado tranquilo, jogando com as pedrinhas.

Rita ficou triste e pensa se não deveria contar para o papai. Melhor não contar nada. Pensa também na sua mamãe morta, que era tão boa e tão bonita...

Quem sabe por que o papai acabou casando-se com esta besta... Mas o que podia fazer? Com duas crianças tão pequenas?

Então ela pensa em quando era pequena e tinha apenas quatro anos quando, nas noites de inverno, estavam todos no estábulo da Filizéina, com os vizinhos, os camponeses e suas famílias... E lá havia o calorzinho das vacas que de vez em quando mugiam um pouquinho, e Giosuè contava umas fábulas tão bonitas que não acabavam nunca... Era um capítulo a cada noite.

Tinha aquela da "Princesa das três laranjas", do "Príncipe azul" e tantas outras que todos, grandes e pequenos, escutavam de boca aberta. Nunca ninguém contou fábulas tão bonitas como o papai, que às vezes as conta ainda, mas nunca como antes. Rita lembra que a mamãe as ouvia encantada, enquanto fora caía a neve.

E assim uma vez, no dia de Santa Rita de Cássia, a mamãe deu para ela um presente tão bonito: uma boneca de pano que parecia viva... uma "pû", como se fala em dialeto.

Era tão bonita, com o vestidinho todo bordado, os olhos azuis e os cabelos louros de palha. Talvez a mamãe tenha pedido ajuda à sua amiga costureira, porque a boneca era bonita demais e muito bem-acabada. Ela a havia mostrado para todas as amiguinhas, que ficaram com muita inveja, mas depois todas acabaram brincando juntas. E assim, quando no inverno estavam todos lá no estábulo ouvindo as fábulas, ela punha a boneca para dormir na cama, embaixo do feno: tinha até preparado uma pequena almofada, assim podia dormir melhor... a Rosina... assim chamava a sua pû. Mas uma noite, enquanto todos escutavam a fábula da princesa... Pra onde foi a boneca? Olha lá! Um pedaço do vestidinho estava aparecendo fora da boca daquela vaca grande... que a estava comendo!

"Besta feia!", grita a pequena Rita e, chorando, dá um pulo lá para bater nela. Mas a mamãe corre depressa para segurá-la com medo que se machuque, e até o papai e os outros homens se levantam, mas não há mais nada a fazer. Eles riem um pouco, mas com amargura.

"A besta comeu a Rosina! Rita, não chore, a mamãe vai te fazer outra, até mais bonita."

Mas a mamãe ficou triste também, e todos foram para a cama como se tivesse morrido uma menina. E, entre uma coisa e outra, com tudo aquilo que tinham que fazer, não teve mais nenhuma Rosina...

Assim Rita ainda pensa naqueles tempos, enquanto se encaminha para casa com o cesto de roupa lavada na cabeça e de mãos dadas com o irmãozinho. Ainda pensa que, quando o inverno chegar, o papai contará novamente lindas fábulas, talvez as mesmas, mas sempre bonitas e sempre diferentes, como novas... mas a mamãe não estará mais lá, nunca mais. E olha para aquela odiosa madrasta que queria que o seu irmãozinho se afogasse.

Mulher lavando roupas com banhistas no rio Samoggia. Cuzzano, 1921.

– III –
A festa de "Sanpulnèr"

É um bonito domingo de sol, e não faz muito calor. Giosuè foi pegar a charrete mais nova, a mais bonita, com aquelas rodas novas que ele fez. Ele também se vestiu de festa, com paletó escuro e camisa branca: tem uma gravata-borboleta azul no pescoço e dá uma chicotada em seu cavalo preto, que já se põe em marcha. Em frente de casa o espera toda a pequena família. A Zanéina, também está elegante e metida a festa com um bonito vestido rosa e um véu preto de renda na cabeça.

Hoje não parece nem feia, pensa Rita. Ela, porém, com saia longa escura e uma blusa roxa, está bem mais bonita, e Riccardo, agora todo bem limpinho, também está muito elegante vestindo um calçãozinho escuro e uma blusa azul. Os quatro sobem na charrete, com o cavalo a trote na direção da igreja de Sanpulnèr (Santo Apolinário), o centro da paróquia, que inclui muitas casas espalhadas nas colinas, além do Castelletto e da aldeia antiga de Serravalle, onde há o castelo medieval e uma antiga igrejinha, agora frequentada por umas poucas famílias.

Eles chegam na frente de um bonito e grande gramado, todo verde, que tem em seu centro uma igreja vermelha e a sua torre campanária. Ao lado há várias casas de camponeses que trabalham nesses campos todos, de propriedade do Vaticano. Muitas crianças correm pelo gramado, brincando. Giosuè olha o relógio que tira da jaqueta: já são quase onze, e a missa vai começar. Os sinos, que antes tocavam alto, inundando todo o vale, agora são silenciosos e só se ouve o sininho que chama os fiéis para a missa.

A charrete é colocada do lado direito, em frente aos estábulos onde há também outras, juntamente com cavalos selados. A entrada principal da igreja está do outro lado, e a família toda se encaminha em meio à multidão na direção daquela porta, para entrarem todos juntos. A igreja já está quase cheia. Os homens, porém, devem ficar todos à esquerda, enquanto à direita ficam mulheres e crianças.

Rita olha para todas aquelas pessoas: conhece muitas. Há também alguns colegas da escola. Teresinha está lá com toda a família e Giosuè já os cumprimentou, mas ele não se mistura nunca com os outros... ele é bem mais reservado. Rita olha agora para os rapazes, vê Arnaldo e Celso e outros que nem conhece: há bonitos e elegantes, mas não sabe quem são. Quem sabe de onde eles vêm! Ah, aí estão os dois filhos do prefeito, que está no meio deles, mas eles são bem maiores. Diziam que um deles tinha sido recrutado para a guerra na África... mas já deve estar de volta.

A Zanéina a repreende: "Para de olhar em volta que a missa já começou!".

Riccardo, no entanto, do outro lado da madrasta, não consegue ficar parado e continua a ficar de pé em cima do genuflexório. Ah, mas, antes de pôr-se toda séria e seguir a missa e as orações, a Rita não escapa de ver o Aniceto lá na frente, mais perto do altar, que se virou olhando para ela. Ela cora toda e baixa os olhos: ainda bem que a Zanéina, que está rezando e, de vez em quando, repreendendo Riccardo, não se deu conta. Mas talvez tenha sido Giosuè a dar-se conta, pois do outro lado ele a olha sério, sério.

Agora o padre dá início ao sermão e conta da vida de Santo Apolinário, que era discípulo de São Pedro em Antioquia, na Síria, e foi martirizado, durante o império de Vespasiano, porque se recusou a reconhecer e adorar os ídolos dos romanos.

Mas então, pensa a Rita, *faz tempo que os chefes romanos não se dão bem com os santos e os papas... Quem sabe por que a professora fala tão bem do Império Romano...*

Agora o padre terminou de falar, e eis que um jovem sobe ao altar para ler uma das escrituras... mas é o Aniceto... e como lê bem! Quem sabe não queira virar padre também... quase parece que olha para ela. Enfim vem o momento da eucaristia, e Rita, que fez a primeira comunhão há exatamente um ano, sai para receber a eucaristia junto com a Zanéina, que arrasta o Riccardo, que olha em volta de si como quem nem sabe onde está.

Mas como pode esta Zanéina ir comungar depois do que diz ao Riccardo e de nos tratar assim, pensa Rita e, voltando-se, olha o papai, que está parado no seu lugar, sem ter comungado... *Será que ele é como o Loris... não será ele também um pouco anarquista?!*

Acabada a missa, o papai para um pouco para falar com outros homens que conhece; a Zanéina leva o Riccardo para fazer xixi atrás de um arbusto, e então ela começa a falar com a irmã e umas primas da Ca'Nova, assim a Rita pode correr e brincar de cabra-cega com a Teresinha e suas amigas. Mas ela já viu que atrás da igreja tem algumas barracas que vendem "crescentina", "burlenghi" e linguiças caseiras, tudo feito ali pelos camponeses. Que fome! Quem sabe ela não pode comer um pouco... Há também bastante fruta: maçãs, peras e pêssegos... É mesmo uma festa bonita. De fato, o papai está se aproximando com a Zanéina e o Riccardo para dizer-lhe que hoje podem ficar aí, no gramado, para comer algumas coisas, sendo que à tarde haverá jogos: pau-de-sebo, corrida com os sacos, tiro ao alvo e os bailes.

Por volta das duas, os jogos começam. Antes tem o pau-de-sebo. Na verdade, são dois paus, altos como árvores, todos ungidos de sebo, no topo dos quais há um monte de presentes: salames, presuntos, queijos e muitos pacotes de balas! Os jovens da festa devem conseguir trepar, e quem chegar ao topo começa a destacar tudo o que consegue pegar, jogando no chão. Mas todos escorregam e vão para baixo... e o povo fica rindo. Um deles quase chega lá em cima, mas, exatamente quando está esticando o braço para apanhar os presentes, fica desbalanceado e escorrega até o chão e não tem mais força para tentar subir de novo. O melhor, porém, é o Amilcare, todo mundo sabe. O ano inteiro ele espera por este dia porque sabe que ninguém consegue derrotá-lo. Ele sobe meio escorregando, mas sempre se recuperando, e no final chega lá e começa a soltar os presentes. Solta-os quase todos, mas chega a um ponto em que não aguenta mais... ou não quer estragar a festa do amigo, Mario. Ele também é bastante bom e, de fato, sobe depois do outro e apanha tudo aquilo que sobrou. Todos aplaudem. Daqui a pouco atacarão também o segundo pau. Giosuè, Rita e até Riccardo estão se divertindo e riem.

"Hoje à noite tem que ir jantar no Amilcare", diz o papai. Somente a Zanéina parece um pouco aborrecida, mas ninguém dá bola.

Agora, porém, começa um jogo com a participação da Rita: a corrida com os sacos. São uns quinze, entre meninos e meninas, que, com as pernas dentro de um saco de cânhamo amarrado na cintura, devem correr por um bom pedaço na grama e tentar chegar primeiro. Rita já fez essa corrida outras vezes, mas sempre caía e chegava quase por último. Agora toma cuidado. Ensinaram-na mais de uma vez que não se deve correr, mas fazer depressa muitos pequenos passos. Assim, ela vai bem melhor e chega quase à meta entre os primeiros, mas no ímpeto de querer ganhar se apressa... e cai, mas logo se levanta, chegando em quarto lugar. Que pena! Tivesse chegado entre os primeiros três, teria ganhado uma boneca... Já os meninos ganhavam um carrinho de madeira, bem trabalhado. Ela volta correndo para sua família e pula no colo do papai, que ri e diz:

"Você podia até ganhar se não tivesse caído!"

Mas ela está feliz ainda assim. É uma festa muito bonita mesmo! Agora vai ter também o tiro ao alvo: em uma barraca de madeira, mais adiante, há uma moça nova, com uma carabina bem velha, que usa pluminhas coloridas; todos têm que disparar a arma, tentando acertar o centro do alvo. Aqueles que já foram soldados e participaram da guerra são normalmente os melhores, e, de fato, Giosuè participa sempre e às vezes é o vencedor. Hoje também há os filhos do prefeito... e o prefeito, todos atirando. Mas as crianças não gostam muito desse jogo e olham só um pouco. O papai, porém, logo volta com um bonito salame e uma garrafa de vinho.

"Muito bom, papai", diz a Rita. "O senhor é sempre o melhor com a carabina!" Mas ela já enxerga que, lá perto da casa dos camponeses, no pátio, chegou o Armando com seu acordeão. Ela adora música! Gostaria de saber tocar também. Por enquanto Armando toca canções populares, e perto dele três ou quatro velhotes já estão cantando em dialeto bolonhês e também um pouco em modenês... Mas daqui a pouco vão começar os bailes! Ela ainda não sabe, nem pode bailar, com a idade que tem... mas talvez daqui a um ou dois anos, quem sabe, pode ser que alguém a convide para dançar. Agora começaram as danças de grupo: a "furlana" e talvez, no final, a "mazurca". Sentada na grama, ela fica olhando todo aquele movimento, quando a Zanéina diz para ela ficar de olho no Riccardo porque ela e o papai estão indo bailar.

É bonito vê-los. Melhor assim que quando querem se matar com o machado. Ela pensa na sua mamãe. Ela não sabia bailar, mas lembra dela em uma dessas festas quando ela era ainda bem pequena... Não bailava mas tinha uma voz lindíssima, e uma vez, com duas amigas, tinha cantado algumas peças de ópera. Ela nem sabia o que era, mas era tão bonita aquela música e a mamãe cantava tão bem... e o papai depois tinha aplaudido com lágrimas nos olhos.

Agora tem uma pausa e os bailes param, e aí vem o padre, passando para cumprimentar todo o pessoal.

"E esta menina bonita, quem é? A Rita, hã? E este é o Riccardo. Lembro quando o batizamos, como chorava! Lembrem, meninos, que vocês têm que ser santos como Santa Rita de Cássia... ou como Santo Apolinário... ou como a sua mamãe, que está certamente no céu olhando para vocês. Saudações ao Mestre Giosuè e à sua senhora." E ele se encaminha para outras famílias.

Mas olha quem chega agora... é o Aniceto! Ele também não bailou, a Rita não o viu mais após a missa... talvez estivesse lendo um livro. Ele se aproxima meio acanhado, no seu terno de festa que talvez tenha vestido pela primeira vez.

"Bom dia, senhor Giosuè e senhora Zanéina! Bom dia, senhorita Rita." Murmura em dialeto e fica ali, desajeitado, como quem quer dizer alguma coisa mas não sabe bem o quê.

"Bom dia, Aniceto", diz a Rita, também em dialeto, corando um pouco, e ele vai embora como chegou, em silêncio.

Já está escuro agora, e, bastante cansados, todos os quatro voltam para a charrete, com o cavalo, que é o único que tem vontade de correr porque está feliz de voltar para casa, onde, já sabe, sua comida e seu descanso o esperam. Ninguém fala nada, mas todos estão satisfeitos pelo lindo dia.

"Que festa bonita, hein, papai!"

"Bonita, bonita mesmo, Rita! Estou feliz que você tenha se divertido. Lembra, porém, que você ainda é pequena, você tem somente treze anos... e nos rapazes não deve pensar ainda. Vamos encontrar um bom que seja o certo para você."

Igreja de Santo Apolinário, foto de 1997.

– IV –
Fuga para Bolonha

Era um dia cinza de novembro e a Rita estava esperando o Doutor, que, após ter atendido alguns pacientes no Castelletto, ia dirigir-se com a sua charrete para Bazzano, onde morava e atendia outros pacientes. Ela lhe pedira carona porque ia para Bolonha, para o convento da tia freira, a tia Elena, e em Bazzano, já fazia alguns anos, tinha um bonde a vapor que, bufando, bufando, ligava Vignola a Bolonha. Depois de ter concluído a escola, já havia quatro anos, ela fazia alguns trabalhos domésticos na casa das famílias mais abastadas da cidadezinha, nem todos os dias, somente de vez em quando. A Zanéina a convencera a isso, porque em casa ela não a aguentava mais e assim também podia ganhar um dinheirinho.

Uma das casas era na verdade o consultório do Doutor, que morava em Bazzano com a família. Sendo assim, ela não tinha muitos trabalhos para fazer ali.

Chegado o Doutor, eles se cumprimentam e ela logo sobe na charrete.

"Rita, como você está? Hoje você está mais elegante, com roupa de festa e com os cabelos presos; assim você parece uma dama. Mas o que há? Você está bem pálida, e parece que chorou."

"Não, Doutor, tenho que ir para Bolonha visitar minha tia freira que está no convento Santa Joana d'Arc, na rua Santo Stefano. Em Bazzano vou pegar o bonde a vapor. Tenho que falar de coisas de família."

O Doutor não diz nada. Parece que aquela moça está fugindo de casa. A Rita é uma senhorita muito bonita que já tem dezessete anos, e ele nunca a viu tão preocupada.

"E você já pegou aquele bonde outras vezes? Sabe como fazer?"

"Não, é a primeira vez, mas a Teresinha, que já esteve duas vezes em Bolonha, me explicou tudo. Contou que de Bazzano para Bolonha são somente duas horas..."

O Doutor não fala mais nada, e eles se dirigem por aquela estrada cheia de lama, encontrando, no meio daquela neblina e daquele chuvisco, poucas charretes e carroças. A estrada também não é tão longa: passam pela Ziribega, pela Bersagliera, por Monteveglio, e enfim aparecem as primeiras casas de Bazzano, com a sua igreja e o seu castelo.

Chegando à pequena estação, Rita cumprimenta o Doutor, agradece pela carona e, com jeito cauteloso, entra, compra a passagem, gastando uma parte daquele pouco dinheiro que leva consigo, e, depois de esperar mais de uma hora, sobe naquele bonde todo trepidante, levando consigo aquela maleta de papelão em que colocou seus poucos pertences. Ela senta na frente de uma senhora que a olha com suspeita, mas Rita não está com vontade de falar. Visualiza os campos, as aldeias que passam... antes Crespellano, depois Ponte Ronca, Zola Predosa... e assim por diante. Ela tem um pouco de medo daquele bonde bufante que nunca pegou, mas tem ainda mais medo da sua vida e de como ficou nos últimos dias. Ela lembra que, no domingo passado, tinha ido à missa às oito da manhã, sozinha. Ela sabia que naquele horário ninguém da sua família ia, e também sabia que o Aniceto de Peri sempre estava lá.

Por aquele jovem, aliás por aquele homem, que agora tem mais de vinte anos, ela foi, devagar, cada vez mais se apaixonando. Claro que não é o mais bonito da cidade, como Amilcare, ou Mario, ou até o filho do prefeito, mas ele ficou cada vez mais sério e... quase... elegante. E, além disso, certamente é o mais inteligente e culto de todos, e, para ela, parece que ele a quer bem mesmo. De fato, na igreja, ele estava como sempre lá na frente e, logo que ela entrou, olhou-a e a cumprimentou.

Ela acompanhou a missa toda somente pensando nele, e depois, na saída, ele a alcançou.

"Como vai, senhorita Rita? A senhora permite que falemos um pouco, não é?"

"Para mim está bem, mas, se depois o meu pai e a minha madrasta ficarem sabendo, não sei..."

E, assim, eles continuam conversando. Fora da sacristia, perto da entrada que dá acesso à torre campanária onde ficam todas as cordas que o sacristão, Iusféi (Giuseppino), sempre puxa para tocar os sinos. Falam um pouco de suas famílias, de seus irmãos, do trabalho que o Aniceto já está fazendo na prefeitura e das tarefas que a Rita faz na cidade. Aniceto menciona até o fato de que o pai dele, Peri, é velho e doente, e lhe contaram que já fez o testamento, deixando os três pequenos lotes de terra que ele possui no Castelletto para os três filhos: Gottardo, Avito e ele, Aniceto.

"Não são grandes propriedades, mas estão perto da cidade, e um pouco de trigo, uma vinha e várias frutas sempre dá para cultivar. Além de ser possível criar um belo porco, para matar no Natal".

E assim mantêm a conversa, enquanto Rita olha com preocupação todas as pessoas que estão saindo por esse lado da igreja e olham para eles.

"Agora tenho mesmo que ir, senhor Aniceto", diz a Rita. "A Zanéina está me esperando para limpar a casa e preparar o almoço do domingo." E cumprimenta: "Fique bem, Aniceto".

"Fique bem, senhorita Rita", responde ele.

Rita se encaminhara um pouco preocupada pela estradinha que leva ao cemitério e depois à estrada principal.

Agora o bonde já quase chegou a Casalecchio e logo estará em Bolonha, e a Rita ainda pensa, com tristeza, nos últimos acontecimentos em família.

No dia seguinte, segunda à noite, todos estão jantando, Giosuè na cabeça da mesa. Também está o Riccardo, que já tem sete anos e é um menino bonito, gorducho e inteligente. Já está na segunda série e aprendeu a ser mais limpinho... mas a Zanéina continua a odiá-lo e maltratá-lo.

Esta noite, porém, o clima não está bom. O papai está mais sério que nunca e, após a primeira garfada de macarrão, olha para Rita com ar de repreensão.

"Então, estamos falando com este Aniceto de Peri, hã? Um cara que não tem onde cair morto... Que o pai andou a vida inteira com furos nas calças. E já te falei que o Arturo, filho de Collina, dono da Ca'Nova, já pôs os olhos em ti e falta pouco que te peça em casamento!"

"Mas, papai", fala a Rita, toda confusa e brava com quem deve ter dedado, "do Arturo eu não gosto nem um pouco. Tem cheiro de vaca e fica nos estábulos o dia inteiro... e, depois, nem sabe ler. E não é verdade que o Aniceto não possui nada: o pai dele já deixou para ele e seus irmãos três lotes de terra, bem perto do Castelletto."

"Bela porcaria! Aquela terra nem vai dar comida para uma pessoa. Esqueça este Aniceto e a família dele. Não quero mais ouvir falar dele. E, se ainda ouço que você se encontra com ele, não volte mais para esta casa!"

O papai, que sempre a quis bem, agora a está tratando assim. Parece pior que a Zanéina, que agora está aí toda feliz e olha o marido como para dizer: "Bem falado!". Riccardo não sabe bem o que pensar e olha para o papai, que nunca viu de cara tão fechada.

A Rita então não fala mais nada. Já sabe que não se pode responder ao papai quando ele está assim... mas naquela casa ela não quer mais ficar. Na manhã seguinte, enquanto o papai está na marcenaria com os clientes e a Zanéina não se sabe onde esteja, arruma um pouco das coisas dela, aquele pouco dinheiro que tem, juntamente com o santinho de Santa Rita de Cássia, e decide ir para Bolonha pedir ajuda à tia freira.

Mas agora o bonde chegou ao fim da linha, na praça Malpighi. Rita desce e sai daquela estação toda cheia de fumaça. Tem carvão até nos olhos, que estão ardendo, e o vestido claro que ela colocou já está meio preto. Mas quanta gente! Quantas casas! Nunca tinha visto uma verdadeira cidade.

Tinham-me falado que Bolonha era grande, mas assim...! Tem muitas ruas, muitas carroças, muitas charretes... Eis aí: naqueles trilhos, aquele deve ser um bonde puxado por cavalos. Como vou fazer agora para encontrar a rua Santo Stefano?

"Eh, mocinha, você está bem longe, vai ter que andar bastante: talvez seja melhor tomar outro bonde."

"Não, não", fala a Rita. "Prefiro andar, estou acostumada." Então ela se encaminha seguindo as indicações.

Após quase uma hora chega perto de uma antiga porta que dava acesso à cidade; perto, ao longo de uma estrada mais larga, há muralhas antigas, todas em ruínas. *Devem ser as muralhas medievais*, pensa; já ouviu falar delas. Deve cruzar aquela avenida larga, mas tem muito trânsito. Dois ou três bondes com cavalos andam nos trilhos em direções opostas e fazem muito barulho: também o condutor grita e chicoteia os cavalos. Logo após há charretes e carruagens muito bonitas que correm rápido, com senhores e senhoras todos bem-vestidos: *deve ser gente rica*. Mas há também carros de pessoas mais pobres, com mulas, que carregam de tudo: frutas, verduras, garrafões com vinho e óleo, móveis, tijolos...

Mas, olha, há também um veículo esquisito com uma roda bem grande na frente e uma rodinha pequena atrás. Talvez seja aquele que me falaram chamar-se "biciclo". E no topo está um sujeito todo elegante com chapéu-coco... Mas que coisa! Parece mesmo que se cair vai se machucar bastante.

Entretanto, antes de cruzar a avenida, pergunta a outro cidadão, já sabendo que, com seu dialeto, será considerada uma aldeã, ou, como já aconteceu, uma "modenese". E que dificuldade às vezes para entendê-los, pois eles falam um dialeto diferente, todo bem fechado e rápido demais.

"Mas certamente, bonita camponesa, está com sorte! A rua Santo Stefano começa logo após aquela porta, que é exatamente a porta de Santo Stefano, e se continuar para a frente encontrará também as duas torres."

As duas torres! Aquelas que pendem... sempre ouviu falar delas. Tinha uma professora que morava ali perto. Como gostaria de revê-la! Mas agora tem que encontrar o convento, lá no número 58.

Mas olha só, pensa, indo para a frente, *tem pórticos em toda a cidade... que bonito! Aqui nunca precisa de guarda-chuva.*

Agora, porém, já está cansada de morrer, e esse número 58 não chega nunca. Até que, enfim, eis uma grande porta de vidro, bonita, toda colorida... Ela se apoia com toda a força à campainha.

"O que quer, minha filha?", pergunta a freira porteira.

"Eu vim aqui para encontrar a minha tia... minha tia Élena... Masetti.

"Mas ela não se chama mais assim! Agora é irmã Maria Crucifixa, esposa de Cristo! Espera que vou chamá-la."

Espera, espera, e os minutos não passam nunca. Até que enfim chega uma freira correndo, toda gordinha: é a tia Élena, aliás, a irmã Maria Crucifixa, que a vê e a abraça toda feliz. Faz anos que a Rita não a vê e tem dificuldade em reconhecê-la.

"Mas o que você faz aqui? Não terá fugido de casa! E como estão o papai e a mamãe?"

E a Rita se dá conta de que a tia já entendeu e, devagar, conta tudo, sem esquecer de enfatizar que a mamãe, aquela verdadeira, ela não a tem mais, e que não aguenta mais a Zanéina.

"Eu sei, eu sei, minha querida Rita, a mamãe, a levou o Senhor, mas o papai, meu irmão Giosuè, você sabe que ele te quer muito... Claro, é uma pessoa às vezes um pouco dura, e não é fácil se dar com ele, especialmente se você não lhe obedece... Mas você quer mesmo aquele Aniceto?"

"Sim, e quero me casar com ele. Já estou com dezessete anos e sei que ele também quer."

"Bem, vamos ver o que podemos fazer. Por enquanto vai no refeitório comer um bom minestrone quente. Deve estar com fome e cansada... Esta noite você vai dormir aqui. Amanhã cedo vai à capela para cantar conosco os salmos do Senhor e participar da missa também, e terá que rezar a Deus, que, vai ver, te ajudará."

Na manhã seguinte Rita acorda cedo, até porque não está acostumada a dormir em uma cama diferente da sua. Em volta, pelas ruas de Bolonha, há bastante barulho... parece uma feira. A tia a acompanha à capela, onde muitas freiras já estão cantando e rezando, e há moças tão jovens quanto ela...

Meu Deus, espero mesmo não ter de ficar aqui... Nunca gostei da ideia de virar freira!

Porém, ela reza ao Senhor. Pede que a ajude a fazer as pazes com o papai e depois casar com o Aniceto. O que há de errado se eles se querem bem? No final a tia Élena, após tê-la apresentado às outras freiras, leva-a de lado e lhe fala para ela como uma mãe:

"O papai deve estar bravo com você porque fugiu de casa, mas vai ver que ele te aceitará de volta... se você pedir perdão. Eu não sei como avisá-lo que você está aqui, mas já deve ter sabido, sendo que você contou para o Doutor e foi vista com ele. Logo ele enviará notícias aqui ao convento... e você poderá voltar para casa."

"Mas eu não quero voltar para casa! Não quero voltar para aquela Zanéina, nem para o papai, que quer que eu case com aquele grosseiro da Ca'Nova. Eu quero casar com o Aniceto!"

"Bem, se você está tão decidida... No convento você não pode ficar, a menos que queira fazer os votos... Vamos fazer assim: agora vai tomar café da manhã, ao meio-dia você fica para almoçar conosco, depois eu tenho que sair para fazer algumas compras para o convento e você irá comigo. Conheço uma senhora de muito respeito que está procurando uma empregada, e, como você já sabe fazer os serviços domésticos, talvez possa ficar trabalhando para ela. Depois... Deus nos ajudará.

Assim, mais ou menos às três da tarde, ela entra com a tia num bonito palacete, com seu grande pórtico, exatamente na rua da Indipendenza. Há um grande salão com escada, e no andar de cima as espera uma senhora jovem, bem elegante. Chama-se Anna, senhora Anna Aldrovandi. Ela as recebe com grande gentileza, mostrando seus dois meninos, de cinco e sete anos. A Rita sabe bem como tratá-los, acostumada como está com o seu Riccardo. A senhora Anna lhe diz que deverá cuidar deles, fazer limpeza na casa e ajudá-la a fazer comida. Depois mostra para ela seu quartinho, pequeno, mas bonito e bem-arrumado. Terá comida, roupa e um dinheirinho para seus pequenos gastos. Agradecida, Rita abraça a tia Élena com lágrimas nos olhos; pela primeira vez na vida está sozinha, completamente só, em casa de estranhos. Mas está tranquila, e o trabalho certamente lhe fará bem.

Antes de dormir, olha para o seu santinho de Santa Rita de Cássia e pede a ela que possa casar com seu namorado, depois o coloca no meio de um livro que Aniceto lhe deu de presente há algum tempo cujo título é *Os noivos*, de Alessandro Manzoni, e começa a lê-lo lentamente. O livro é um pouco difícil e fala de lugares e pessoas que não conhece, porém logo entende que a protagonista, Lucia, é uma moça como ela, no entanto tem uma boa mãe, e não uma madrasta como a Zanéina. E assim adormece.

Já se passaram duas semanas, e naquela casa ela está bem. O dono, marido da senhora Anna, quase nunca está porque viaja a Itália toda e também para o exterior, a negócios. Ela, porém, nunca mais ouviu nada de seus parentes, nem do papai, nem da tia Élena. Até que, num sábado à tarde, chega a tia para visitá-la. Conta-lhe que passou o Doutor, chegando de Bazzano, e lhe falou que o papai Giosuè está pronto para perdoá-la e recebê-la de volta em casa... mas ela não deve mais pensar, nem de longe, naquele Aniceto.

"Nem pensar!", responde a Rita. "Então eu fico aqui em Bolonha, com esta senhora e estes meninos tão educados."

A tia freira, então, não sabe mais o que falar. Entrega-lhe um presentinho, umas roupas e umas comidinhas que comprou para ela e a cumprimenta com um grande abraço:

"Adeus, Rita. Voltarei. Não esqueça de rezar para o Senhor, também por mim... e também à tua Santa Rita".

E assim passa o tempo... Mais de seis meses. Agora faz um calor de matar, e aqui não há o verde bonito e os campos e o gramado do Castelletto. Há também um empregado, um belo jovem de vinte anos que cuida dos cavalos do dono e começou a falar com ela. Agora ela já fala quase como uma "bolognese", mas dele não quer saber, mesmo parecendo-lhe um bom rapaz. Ela pensa sempre no seu Aniceto, do qual não soube mais nada. Será que ele ainda a quer? Também Lucia, a moça do livro, teve que fugir para longe do seu Renzo e agora a colocaram num convento, com uma madre superiora bastante estranha. O romance agora não é mais tão difícil para ela, aprendeu bem a lê-lo e gosta cada vez mais.

Já se passaram outros três meses, o outono está chegando e Rita está cada vez mais triste, sentindo muita falta da família, do papai, do Riccardinho, mas também do Castelletto e das suas amigas. A senhora Anna é muito bondosa e a trata muito bem: já sente carinho também pelos meninos e aprendeu a andar em Bolonha e a usar o seu dinheirinho... Mas não é a mesma coisa. Ela é uma aldeã, uma "castellettese": nunca vai virar "bolognese". Mas, especialmente, sente falta do Aniceto, que a espera sempre, agora sabe, porque exatamente no mês passado lhe enviou, através da tia, uma carta lindíssima... quase de noivo.

Mas num belo dia de novembro (já passou quase um ano!) a tia freira chega para visitá-la e parece bem contente.

"Vem lá no convento que chegou o Doutor querendo falar com você. Há boas notícias!"

Ela nem sabe o que pensar e a acompanha, um pouco duvidosa. Chegando lá, porém, vê que o Doutor sorri para ela e lhe diz:

"O teu papai me disse para vir e pegar você porque ele não quer mais que fique longe de casa. Parece até aceitar que você continue a falar com o Aniceto... O padre também falou para ele que um jovem assim direito, no Castelletto, nunca encontrará outro."

Assim o Mestre Giosuè, mesmo não sendo um fanático dos padres, preferiu se deixar convencer.

Rita não consegue segurar as lágrimas... Depois de cumprimentar, chorando um pouco, a senhora Anna e os meninos, e a querida tia freira, que, pensando bem, também deve ter contribuído para amolecer o coração do irmão, acompanha o Doutor.

Agora leva consigo uma malinha toda nova, com algum bom presentinho. Antes pegam um cocheiro que os leva até a praça Malpighi e ao bonde e depois, em Bazzano, sobem na charrete do Doutor, que os leva até a Filizéina.

Primeiro encontra a Zanéina, que a abraça um pouco friamente, com o Riccardinho, que pula no colo dela abraçando-a, todo feliz.

"Sabe, Rita, agora estou na terceira série e a professora falou que sou um dos melhores!"

"Eu sabia, eu sabia", diz a Rita, com lágrimas de felicidade nos olhos.

O papai, porém, está na marcenaria e aparenta nem estar esperando por ela e, quando se aproxima, apenas apertando os ombros dela, só consegue dizer:

"Até que enfim voltou, hã?! Pode continuar a falar com aquele sedutor barato do Aniceto, mas, cuidado, poderão casar somente se a família dele também for participar de seu dote."

E, mesmo no meio de uma fala tão dura, não consegue esconder o brilho nos olhos.

"Sim, papai. Estou bem feliz de ter voltado aqui com vocês. Senti muito a sua falta."

– V –
Casamento na Filizéina

Era um bonito sábado de início de primavera na Filizéina. Os noivos haviam acabado de chegar, na charrete guiada pelo mesmo Aniceto, da igreja de Sant'Apollinare, onde as núpcias tinham sido celebradas pelo pároco em pessoa. Outros carros e charretes seguiam os noivos, e muitos convidados já estavam no pátio, prontos a gritar: "Vivam os noivos!".

A cerimônia do casamento tinha sido simples e bonita, e o pároco fizera um belo sermão, abençoando os dois jovens e declarando-os "unidos pela vida, na indissolubilidade deste Santo Sacramento".

A Rita, agora em seus dezoito anos completados, estava lindíssima: pálida, com brilhantes olhos verdes e cabelos bem pretos reunidos atrás e cobertos por um véu branco bordado. Também seu cândido vestido, com a clássica cauda, era de uma verdadeira dama. Tinha sido confeccionado por aquela costureira amiga da mamãe, aquela que lhe fizera também aquela pobre boneca, e nem quisera ser paga. O tecido era um dos mais finos e custou caro, mas o Giosuè ficou bem feliz de gastar uma nota para aquela única filha.

Também Aniceto estava elegante, em seu terno escuro com gravata-borboleta vermelha sobre a linda camisa branca, e estava radiante em seus 25 anos. Cumpria-se assim todo o sonho da vida deles, que olhavam para um futuro todo cheio de felicidade e de muitos filhos.

Giosuè, no fundo, estava bem feliz, de pé ao lado da sua Zanéina, ela enfim com ar satisfeito, com o Riccardo, que agora tem nove anos e parece um pequeno cavalheiro, com sua calça curta sustentada por lindos suspensórios.

O "mestre marceneiro" enfim compreendeu que Aniceto não é um partido ruim. O velho Peri, que está ali na sua frente cada vez mais acabado, infelizmente não poderá durar muitos anos, então ele já pensa em vender a Filizéina para utilizar aquele lote lá em cima da descida que vai para a Fondazza, a nascente que abastece quase toda a cidade, antes da estrada do "Tòcco", exatamente no começo do Castelletto que já está crescendo. Com o ganho dessa venda ele poderá construir duas bonitas casas, uma ao lado da outra, para a Rita e para o Riccardo, e numa dessas poderá montar também sua marcenaria, transferindo para lá aquela enorme bancada de madeira maciça que herdou do avô, com aquela abertura de um lado para poder fixar as rodas, mas serão necessários pelo menos quatro cavalos para poder transportá-la, de tão pesada que é.

Agora, porém, todos pensam na festa. Lá no pátio da Filizéina há três mesas compridas, colocadas em forma de ferradura, todas postas para pelo menos sessenta convidados e com um grande número de frascos de vinho do Castelletto, branco e tinto, mas daquele bem bom! A Zanéina chamou pelo menos seis mulheres, sem contar as garotas, amigas suas, que prepararam tudo e agora estão servindo um ótimo raviólí em caldo de galinha. Ela também trabalhou duro, organizando tudo aquilo, e comprovou que é uma ótima cozinheira. Mas agora, durante o jantar, ela está de patroa, como gosta de ser. Depois vai ter salames, linguiças, frango e batatas assadas, saladas e "peperonata", os vários queijos da região e, enfim, doces e frutas à vontade. Até que Giosuè comprou bastante café verdadeiro, aquele que é chamado "café do levante" e que poucos podem normalmente comprar por ser bastante caro, e não aquilo feito de cevada torrada, que todos usam sempre. Para quem quiser, no fim vai ter também a grappa, uma aguardente especial... talvez para "corrigir" o café.

A Rita agora não é mais aquela mocinha meio tímida com medo de se manifestar. Agora é uma mulher e enfrenta com olhos corajosos o seu querido papai, sorrindo deslumbrantemente para ele com cara vitoriosa, e olha a Zanéina com moderado doce desafio e, com amor, quase de mãe, o seu querido irmãozinho, mas toda a doçura vai para o seu Aniceto, sempre um pouco acanhado.

Perto do fim do jantar, todos um pouco "alegres" levantam os copos para brindar aos noivos. A Rita se levanta com seu Aniceto, abraçando-o levemente pelos ombros, e com seu "lieto cálice" levantado parece um pouco uma bonita Violetta, a Dama das Camélias da Traviata. Ao contrário da personagem, ela está bem saudável e grita, à saúde de todo mundo, que este é o dia mais bonito de toda a sua vida. Aniceto, mais introvertido, também a abraça e brinda, um pouco desajeitado mas feliz, feliz com brilho nos olhos... e já tem alguém, no meio do público, que diz baixinho: "Acho que já entendemos quem vai ser o comandante aí!".

Acabadas as aclamações de "Vivam os noivos!", há uma certa pausa silenciosa e todos batem papo entre si, e o Aniceto aproveita para falar um pouco com o prefeito, que está sentado à sua frente, relembrando a terrível batalha de Ádua, na Etiópia, que aconteceu duas semanas antes e onde os soldados italianos foram violentamente derrotados pelos abissínios, com mais de seis mil mortos e três mil prisioneiros somente entre as forças italianas.

"Morreram também três jovens de Bazzano...", diz o prefeito. "Eram do corpo dos bersaglieri, e eu os conhecia bem..."

Mas agora começaram as músicas! O Armando, com seu acordeão, levou consigo dois violinistas e dois flautistas, e juntos, depois de uma entrada com a "Marcha nupcial", tocaram mazurcas e polcas. A essa altura também as crianças, Riccardo incluído, se jogaram no meio dos dançarinos adultos, que, para falar a verdade, não estavam dançando muito melhor que elas. Mas a música arrastava a todos. Rita e Aniceto, após terem dado, do jeito deles, início às danças, estavam agora sentados um ao lado do outro, olhando com brilho nos olhos para suas vidas futuras e, com felicidade, para as crianças que devem vir, quando uma nuvem negra passou nos olhos da Rita. Ela pensou ainda na sua mamãe que não estava mais aqui, nas bonitas canções que sabia cantar e como ela teria estado feliz hoje. Aniceto se deu conta disso, mas não falou nada: tomou a mão dela e sorriu feliz, mas ao mesmo tempo um pouco triste e acanhado.

Colheita das uvas Saslà em Cozzano, no início dos anos 1900.

– VI –
Eclode a Grande Guerra

A nova casa do Castelletto é uma das mais elegantes da cidadezinha: alta, dois andares, com sótão e um lindo pátio na frente, cercada por uma densa cerca verde e por acácias e árvores de ameixas que a separam da estrada poeirenta. Foi construída por Giosuè no começo do novo século, exatamente em 1900, e logo depois, ao lado dela, mandou fazer também outra, quase igual, para ele e a Zanéina, que depois deixaria para o Riccardo. No meio das duas casas, exatamente atrás da cerca verde, há um belo poço novo, cavado por aquele tal Pietro de Monteveglio, que de poços entende bem. É bem profundo, e uma água fresquinha nunca falta. O balde sobe e desce com a polia, e dentro de uma cesta, baixada bem perto da água com uma corda, se podem deixar guardados muitos alimentos: manteiga, carne, queijo e até uma doce melancia. Exatamente atrás do poço, à frente de um poderoso carvalho que marca a separação entre as duas casas, ele montou sua marcenaria: a loja do Mestre Giosuè, que ainda faz as rodas de carroças e charretes mais bonitas da região e agora também móveis elegantes de noz e cerejeira para mobiliar a casa de jovens noivos. Tinha agora um novo ajudante, um "marceneiro mirim", seu netinho Secondo, filho da Rita, o sétimo filho dela, com apenas quatro anos. De vez em quando ele vem e se balança naquela ferradura da mesa que deve ter mais de cem anos, e assim "ajuda" o avô, querendo aprender a fincar pregos e a usar a lixa.

Já se passaram vinte anos do dia do casamento na Filizéina, e faz quinze que a Rita saiu de lá com as duas primeiras filhas: Maria e Olga. Depois, já nesta casa, nasceu Giuseppe, o primeiro filho homem, que agora tem catorze anos, terminou a escola e ajuda o papai Aniceto em algumas tarefas na prefeitura. Depois vieram Emília, Imelde e Anna, que agora têm de seis a dez anos e dão muito trabalho para a mamãe Rita e para as duas irmãs maiores, que agora têm dezesseis e dezessete anos e estão aprendendo, com uma senhora da cidade, a serem boas costureiras. Sete filhos! Um belo time: todos bonitos e sãos. Só a Maria, a primeira, quando ainda criança, pegou aquela "febre" chamada de "paralisia infantil". Ficou doente alguns meses e depois permaneceu mancando da perna esquerda. Pena, porque ela também é uma moça bonita e bem prendada, que sabe ficar bem elegante com aqueles vestidos estilo *Belle époque* que ela mesma costura. Mas talvez, por ser coxa, futuramente não encontre com facilidade um namorado.

Sete filhos! Aniceto também está feliz e ao mesmo tempo preocupado: será que chegarão mais?

A Rita agora está lá fora, no gramado do lado esquerdo da casa, onde há uma horta e um jardim com muitas flores bonitas, rosas, lírios, cravos e outras, separados do gramado por uma cerca metálica que tem uma pequena porta de ferro. Detrás da casa, já se podem enxergar os campos cultivados, todos circundados por uma densa cerca verde que chega até o fundo do campo, perto do "Fabbricone", e separa da estrada poeirenta aquele que sempre será um infinito, isolado espaço dos sonhos... e das aventuras, para as crianças que ali brincam e irão brincar... Há ainda a vinha e muitas árvores de fruta: macieiras, pereiras, romãzeiras, uma grande amendoeira, bem no meio da "piantèda"... e marmeleiros. Enquanto está preparando o almoço ela nunca esquece os animais.

"Mnéin, mnéin, mnéin...", e logo chega um lindo gatinho tigrado, como aquele que tinha na Filizéina, que vem para comer num pratinho onde ela colocou pão ensopado no leite. E depois:

"Coquíi, coquíí, coquíí..."; parece impossível, mas logo chegam correndo que nem loucas aquelas dez galinhas, junto com o galo, que durante o dia andam livremente pelo pátio, já sabendo que é a hora certa para alguns punhados de milho. Só não vem a gansa, a mais bonita e branca da cidade, porque durante o dia sempre fica com as amigas naquela estrumeira atrás da prefeitura nova, e à noitezinha é tarefa do Secondo ir correndo atrás dela feito louco para apanhá-la, com um pau, e depois conseguir fechá-la no galinheiro. Uma vez, enquanto ela corria loucamente sacudindo as asas e dando viradas repentinas, quase tirando sarro do menino, ele tombou no chão, se machucando bastante no joelho.

A Rita, com seus 37 anos, ainda é uma mulher bem bonita, com aqueles cabelos escuros sempre presos atrás da cabeça para formar um coque. Seus olhos verdes ainda são bonitos e brilhantes, mas com um olhar mais suave do que quando era moça, mas sempre prontos a atacar se for necessário. Sua roupa é mais descuidada, e somente aos domingos, para ir à missa, ainda se veste toda elegante. Ela agora é a "arzdoura", a governanta de toda a casa e da família. Com uma família assim nunca há um minuto de sossego, mas fica feliz quando vê, na sala de jantar em volta daquela mesa redonda de noz, polida e brilhante, seus oito comensais. Todo dia ela prepara a massa em folha sobre aquela tábua grande de madeira e a faz secar. Também prepara o pão, um belo pão branco perfumado que ela assa lá no forno que está acima do galinheiro, atrás do qual todas as galinhas se aquecem no inverno, subindo esvoaçando por uma escadinha. Às vezes, no sábado, puxa o pescoço de uma galinha gorda para fazer um ótimo caldo e um cozido que, juntamente com o molho de salsinha ou de pimentão, são grandes chamarizes para que todos se sentem à mesa com apetite. Além do mais, hoje preparou também um ótimo doce, uma torta de ameixas, feita com todas aquelas prúnholas doces e saborosas das árvores que circundam a casa, porque convidou para jantar o papai Giosuè com a Zanéina.

Ela gostaria tanto que estivesse também o Riccardo, seu irmãozinho, mas aquele... quem sabe onde está agora? A casa ao lado, o papai a fez para ele e lhe deixará de herança, mas por enquanto... Ele não conseguia mesmo se dar com a Zanéina e, com treze anos, mais para sair de casa do que por outra coisa, tinha entrado no seminário em Bolonha para estudar e ser padre. Todos, no fundo, ficaram felizes: um padre na família é uma bênção de Deus. Mas ele certamente não tinha vocação. Frequentemente escapava para casa, ou para a casa de amigos, e parecia também ter algumas namoradas... Depois voltava para lá. E quando fez vinte anos, em 1907, saiu definitivamente do seminário e, com a bênção do papai Giosuè, foi para a França, na aventura, sozinho e sem conhecer ninguém.

O que estaria fazendo agora? Dizem que se casou com uma certa Margot em Metz, na Alsácia-Lorena. Agora, pois, já faz um ano que a França está em guerra com a Alemanha. E se também ele fosse convocado? E se também a Itália declarasse guerra à França, como alguém está falando? Rita pensa enquanto põe a mesa com a Olga e a Maria.

Mas onde está o Secondo? A Rita se preocupa porque, exatamente agora que está chegando o avô Giosuè, o pequeninho sumiu. Procura, procura em volta da casa e eis ele lá, exatamente atrás daquelas duas árvores de avelã ("al clur", em dialeto), e está balançando naquela corda meio podre, presa a dois galhos de árvore e com uma velha almofadinha no meio onde está sentado. E quem o empurra a pleno vapor? Exatamente a irmãzinha Anna, pouco maior que ele e que agora lhe propicia cada balanço espantoso!

Todos entram logo em casa, porque agora já chegaram o Giosuè e a Zanéina, assim como o Aniceto, que tinha saído para comprar charutos.

A mesa redonda já está colocada, com uma linda toalha branca e onze assentos. Não falta o vinho tinto, talvez um pouco "triste", ou seja, "não tão bom", porque foi feito com a uva da casa, e Giosuè já está sentado, olhando todos os seus familiares e especialmente os netinhos. Só tem estes, mas já são um belo time: sete. Se tiver outros na França, ele ainda não sabe, espera que o Riccardo logo venha para que ele possa conhecê-los. Já tem 65 anos e não sabe quantos anos ainda lhe dará o Senhor, mas é bem feliz de ver toda aquela família reunida.

A Zanéina tem dez anos a menos, mas tem mesmo um aspecto ruim: está magra, amarelada. Há quem diga que poderia ter uma doença grave. Aniceto está agora com pouco mais de quarenta anos e já sentou-se perto da Rita, que, porém, nunca está sentada porque, juntamente com a Maria e a Olga, não fazem outra coisa que trazer comida e mais comida. Depois daqueles ótimos talharins, feitos exatamente hoje de manhã e ao molho à bolonhesa, vai ter frango assado, batatas ao forno com alecrim e muitas outras guloseimas.

Apesar da fartura, Aniceto não é um glutão, e com suas dores de estômago ele vai devagar na comilança. Ele até não bebe muito vinho, que fica todo para o Giosuè, a Rita e um pouco também para a Maria e a Olga, e um pouquinho, talvez com um gole de água, para o Giuseppe. Agora, pois, como sempre, o Aniceto já começou a informar a todos, pelo menos aqueles que o escutam, a respeito das últimas notícias políticas. A guerra na Europa já continua há mais de um ano, e a Itália, que fazia parte da "tríplice aliança" juntamente com Alemanha e Áustria, parece agora mais intencionada em formar o "tríplice acordo" com a França e a Inglaterra, que lhe prometeram, no caso de vitória, que poderá obter as terras irredentas de Trento e Trieste. Antonio Salandra, chefe do governo e intervencionista, já parece decidido a declarar guerra aos austro-alemães. Mas os homens falam de intervencionismo e não intervencionismo como se fosse uma competição desportiva, pensando que, depois da entrada na guerra, esta durará só poucos meses... e assim a Itália reaverá Trento e

Trieste, finalmente toda unida! As mulheres, em vez disso, não estão tão confiantes e já pensam no pior, em coisas mais próximas e em quantos jovens vão morrer, como já aconteceu outras vezes... na Líbia... na Abissínia. Somente a famosa "Brecha de Porta Pia", na conquista de Roma em 1870, não custou muitas vidas, e Giosuè a recorda ainda como o acontecimento mais importante da sua juventude. Mas a Zanéina, que com a idade virou mais sábia, fala agora uma coisa muito justa. Lembra ao marido que, mesmo se tivesse tido somente uma morte, já teria sido uma tragédia: pensem naquela pobre família. A guerra é sempre terrível!

A Rita pensa que, no fundo, eles ainda estão com sorte: ninguém na família tem idade para ser convocado. Não somente Giosuè, mas também o Aniceto, que já fez quarenta anos, não está certamente em risco, e além disso deverá ficar em casa para prover a sua já grande família. Giuseppe só tem catorze anos, Secondo, quatro e todas as outras são meninas. A Zanéina está um pouco preocupada porque tem um irmão de 25 anos que poderia ser convocado, mas o que fazer? Quem decide é o Rei Vittorio Emanuele III, aquele nanico que forma o "artigo il" com aquela matrona montenegrina da Rainha Élena, e seus ministros, que certamente não perguntam para eles o que devem fazer.

Acabado o jantar e tomado o café, desta vez, porém, feito com cevada torrada, as crianças começam a correr pelo pátio e na horta, brincando de esconde-esconde e de ciranda; os adultos, primeiro o Giosuè, e depois o Aniceto e a Rita com todos os outros maiorzinhos, estão sentados naqueles bancos de mármore em frente à casa, que já se revelaram uma grande ideia. A gente fica aí, fumando charuto ou tricotando e olhando para as colinas na frente da Serra, de Ciano, que já é província de Módena, e vendo passar todos aqueles que se encaminham para o centro do Castelletto, para fazer compras ou beber na taberna. Às vezes alguém para, cumprimenta e, se tem tempo, coisa bem frequente, se junta ao grupo sentando-se em um dos dois bancos. À noite, então, o grupo pode ficar enorme, e a Rita deve arrumar outras cadeiras, que vai pegar em casa, para satisfazer toda aquela "vággia"... sim, assim se chama esta reunião vespertina, com esta palavra que significa "vigília", ou seja, "serão" .

Agora, porém, são somente três da tarde e a família fica batendo papo enquanto a Zanéina já se foi. Fala-se do camponês que deveria cuidar da terra que se estende até lá no fundo perto da "Isola", o chamado "meeiro", que nem sempre satisfaz os desejos do patrão. Mas eis que se aproxima um jovem conhecido, com um passo quase militar. É o Giulio, do Tòcco, a casa que se encontra exatamente ao lado do terreno do Aniceto, lá depois da curva, quase no barranco que está acima da Fondazza. O nome Tòcco, que em dialeto significa "peru", se refere ao pai do Giulio, que possui um belo bócio e fala com voz de peru... mas o Giulio não, ele é um homem bonito de uns 28 anos, que já fez o serviço militar na região de "Abruzzi", no centro da Itália, como "bersagliere": o corpo glorioso que vai para o ataque, sempre correndo, ao som marcante da "fanfarra", uma espécie de trombeta que estimula a correr, a atacar, e, no fundo, a morrer primeiro. Mas o Giulio é bem orgulhoso de ser bersagliere e sabe que é um dos corpos mais gloriosos, juntamente com aquele dos "alpinos", e que, se a Itália entrar na guerra, dará bastante trabalho lá nas Dolomites, perto da fronteira austríaca. Giulio dá uma parada para falar um pouco e diz que já sabe que vai ter guerra e que ele será um dos primeiros a serem chamados, mas não está com medo e diz que vai mostrar àqueles "tugnini" o que são os bersaglieri. Só está triste de ter que deixar a esposa e a filha Rossana, agora com quatro anos, mas está certo de que será somente por pouco tempo.

A Maria e a Olga escutam essa conversa com tristeza e pavor, especialmente a Olga, que já vem falando com um jovem de vinte e quatro anos do Fornacione, que tem medo de ser recrutado.

Enquanto isso o Giulio já se foi para a cidade: é a hora da sua taça de vinho tinto, e a conversa se apaga um pouco. Isto é o bonito da "vággia": se ninguém tem algo para falar, então todo mundo fica silencioso, pensando, todos juntos. Também é um meio para se comunicarem entre si e se sentirem unidos.

A Rita troca um olhar com o Aniceto: eles viveram bem juntos, e ela espera que permaneçam ainda por muitos anos. Na cultura deles há poucos beijinhos e efusões sentimentais, mas somente um olhar já é o bastante... já é o Amor. Ela pensa no passado e no futuro. O que será desta grande família? As moças casarão bem, todas? Darão a ela muitos netinhos? E os dois homens,

Giuseppe e Secondo, encontrarão um bom trabalho? Uma boa esposa? E ela sempre ficará aí, só envelhecendo?

Ainda tem muitas amigas, como a Teresinha, que agora é a "bèlia", ou seja, a obstetra, a parteira da cidade, faz nascer tantos bebês e frequentemente vem visitá-la, mesmo com todo o trabalho que tem. Ela gostaria muito de viajar, de conhecer tantos lugares...

Lembra-se de quando tinha fugido para Bolonha, quantas coisas viu! Nunca mais foi para lá. Somente uma vez acompanhou o Aniceto, que ia para Vignola e Módena a trabalho... Ela gostaria muito de ir a Roma, ver todas aquelas coisas bonitas de que todo mundo fala, ver o papa... Agora, depois que no ano passado morreu Pio X, o papa "sarto", tem o Bento XV, pequeno e franzino, mas que sempre é o nosso Pai Santo.

Quem sabe um dia ela também não consiga ir até Roma...

– VII –
Outra Grande Guerra: alemães e americanos

A Rita já foi se esconder no porão da casa da frente, aquela dos Malverdi, com a Maria e a Olga. Também todos os outros da família estão refugiados em algum lugar, no Castelletto e fora da cidade. Tem outro grande conflito agora, há quatro anos: a Segunda Guerra Mundial. *Os homens ficaram verdadeiramente loucos*, pensa ela. Na Primeira Grande Guerra morreram milhões de jovens, da Europa toda e também da América, mas, pelo menos, a guerra estava lá perto da fronteira, no Véneto. Agora, no entanto, a guerra está em todo lugar, e os civis também, especialmente eles, morrem. Quantos já morreram pelos bombardeios também no vale do Samoggia? Savigno foi bombardeada e a praça central praticamente destruída, enquanto quase toda a população da cidadezinha de Ponzano tinha se refugiado na igreja e na torre campanária, que foram atingidas em cheio por um avião inglês, matando vinte e nove pessoas. A Giovanna, filha mais nova da Olga, com menos de dezoito anos, foi alvejada por um avião enquanto voltava de bicicleta de Sant'Apollinare. O piloto assumiu a "árdua tarefa" de metralhar... uma moça de bicicleta. Esta não é guerra, é ódio! Ela se salvou se jogando numa vala, e graças a Deus somente a bicicleta foi atingida... Sem calcular todas as matanças feitas pelos alemães sobre os civis italianos desarmados, sendo que, em 1943, o rei da Itália resolveu aliar-se aos americanos: uma decisão obviamente considerada alta traição pelos próprios alemães, que assim se vingavam.

A Rita pensa em quando era moça e a guerra estava na África: agora, em compensação, chegou em casa! O que diria o papai Giosuè, que morreu há quase vinte anos, nos anos 1920, e também seu querido Aniceto, que a deixou há poucos anos por causa de um câncer, quando ainda não tinha 65 anos. Melhor que não tenham visto esta matança, esta loucura que não acaba nunca. Certo, a família ainda é grande, mesmo que infelizmente a Imelde, uma das filhas mais bonitas e elegantes, tenha morrido, também de câncer, com menos de 24 anos. O que há de pior na vida, para uma mãe, que ver a filha jovem morrer? Na guerra entrou somente Secondo: com seus 29 anos, não conseguiu escapar. Dele somente se sabe que, quando a Itália fez a "reviravolta" das alianças e o comandante falou para todos os seus soldados que fugissem para onde e como pudessem, ele, vestido em roupas civis, de Menton, na França, conseguiu pular num caminhão chegando até perto daqui, escondendo-se depois, nem ela sabe onde...

Sim, a família ainda é grande. No final da Primeira Grande Guerra, em 1918, tinha nascido outra menina, a última, oitava filha: Bernardina. Agora ela é casada e mora em Bérgamo, perto dos Alpes, onde a guerra não tem sido tão brava como aqui, mas todas as mesmas dificuldades da vida também existem lá. Assim, a Rita já é vovó várias vezes. O último foi o filho da Dina, nascido em Bérgamo, mas já tinha os quatro filhos da Olga, dois homens e duas mulheres, com o mais novo, Leandro, que agora está com treze anos e já é "campeão de futebol" naquela pelada que há em frente da casa. Depois há os dois filhos de Giuseppe, que têm agora cinco e nove anos. Assim ela é avó sete vezes... e ainda não acabou. Quem sabe?

A Rita foi para Bérgamo quando estava para nascer o filho da Dina, Gianni, e fez uma viagem lindíssima, conhecendo um povo bem diferente. Moravam lá numa cidadezinha chamada "Putranga" (Ponte Ranica, em italiano), onde todos eram bons cristãos, tementes a Deus e ninguém blasfemava como aqui! "Uma coisa incrível!", contaria depois a todos. Até os carreteiros que passavam em frente de casa, na subida, incitavam os cavalos e os bois gritando vários palavrões, mas nenhuma blasfêmia.

Infelizmente a Maria, como era esperado, nunca teve um verdadeiro namorado. A Emília, nunca entendeu por quê, talvez desiludida por alguém, virou freira e agora está naquele "Convitto Santa Giovanna d'Arco" que Rita conheceu quando moça. A Anna, então, também uma das mais bonitas e inteligentes, parece, agora com mais de trinta anos, estar no caminho de virar "solteirona", mesmo tendo se tornado uma boa professora de jardim de infância, e trabalhar na prefeitura, onde trabalhava o papai.

Assim pensa a Rita, enquanto está aqui, com outros da cidade, escondida nesta adega, porque esperam chegar os americanos, que já estão vencendo a guerra. Passaram a linha gótica e puseram em fuga os alemães. Fala-se que são tropas perigosas e violentas, e há também soldados negros, marroquinos e outros, e já se ouviu falar de roubos, estupros e todo tipo de violência. Antes de escapar, Rita fechou bem todas as portas da casa, para que não entrem e não se instalem como, um ou dois anos antes, os alemães.

Exatamente isto: os alemães tinham escolhido aquelas duas bonitas casas, talvez as melhores da cidade, como a central do comando na região e, assim, tinham permanecido ali durante mais de um ano. Eram uns dez, entre soldados e oficiais. Não eram ruins, não os tratavam mal, mas a Rita e suas filhas eram obrigadas a servi-los, preparar comida, lavar a roupa, e assim por diante. Tinha até vantagens, porque assim nunca faltava comida para eles também: resultado das "requisições de guerra" feitas na região. Mas a comunicação com eles não era tão fácil, considerando que eles falavam somente um pouco de italiano e o alemão. Somente o Giuseppe, o filho mais velho da Olga, que estudara no "liceo", tinha começado a treinar essa língua para se comunicar melhor com aqueles "turistas-patrões". Mas agora, chegando as tropas aliadas, todos os alemães tinham fugido, e a Rita estava com medo de que começasse outra vez um novo tipo de "serviço de ocupação".

Assim, a Rita e os outros passam mais dois dias escondidos naquele porão até que numa manhã chega a notícia, trazida por um moleque da cidade: "Chegaram os americanos! O Castelletto está cheio de camionetas e tanques com estrelas brancas pintadas em cima, e muitos soldados estão sentados exatamente nos bancos da frente da casa da Rita: estão comendo, bebendo e cantando, com a porta da casa totalmente escancarada!". Então ela não aguenta mais e, com a coragem que sempre teve, seguida pelas filhas, vai direto para sua casa, quase decidida a ralhar com aqueles "malcriados" que derrubaram a porta da casa dela.

"Mas como é que fizeram?!", ela sempre dirá durante anos. "A porta estava aberta normalmente, como se eles tivessem usado a chave."

No entanto eles estão lá, felizes e tranquilos, e a cumprimentam, até falando um bom italiano.

"Bom dia, senhora! Trouxemos um pouco de chocolate, leite em pó e creme de amendoim. Está servida?"

E ela e as filhas aceitam na hora. Há quanto tempo não viam estas coisas! Tem também negros e outras raças, mas aqueles que falam, os comandantes e graduados, foram escolhidos entre os ítalo-americanos e a língua italiana, com aquele sotaque de "brucculiner", já a sabiam falar antes da guerra. E, pelo que parece, lhes foi ordenado serem gentis com os ocupados.

Já conformada com uma segunda "ocupação", por quem sabe quanto tempo, a Rita entra em casa e encontra outros soldados, deitados no sofá ou sentados à mesa, comendo tranquilamente ou jogando baralho, mas sem ter quebrado nem mudado nada do lugar. Todos a cumprimentam cordialmente.

E na manhã seguinte, depois de terem descansado e dormido deitados em todo lugar, da mesma forma como tinham chegado, se foram todos embora da cidade, em meio aos aplausos da multidão. Devagar, a Rita e seus familiares entenderam que naquele dia começava uma nova Itália... talvez melhor.

– VIII –
O netinho Marco

Ainda estavam ali os alemães quando, em novembro de 1944, um desses sargentos "teutônicos", cuja função era também aquela de carteiro (talvez para melhor controlar os "subversivos"), chegou na frente da janela da sala onde a Maria trabalhava de costureira juntamente com suas duas meninas aprendizes.

"Zenhorra, tem um poztal para vocêz. Nazeu um nettinho em Bérrgamo! O nome dele é Marrko!"

E foi assim que a Rita foi informada, por um ocupante alemão, do nascimento do seu último netinho. Todos ficaram bem felizes e com a esperança de poder vê-lo logo. Mas ainda a guerra enfurecia: aqui estavam para chegar os americanos, porém lá em Bérgamo os alemães ainda dominavam com força e com eles os fascistas, que constituíram no norte da Itália a República Social, chamada também de República de Saló, pelo nome de sua capital, no lago de Garda, chefiada por Mussolini... mas, para falar a verdade, por Hitler. As viagens eram bem difíceis. Até as pontes no rio Pó tinham sido todas derrubadas para bloquear a retirada alemã, e o trem, quando chegava em Piacenza, última cidade da região Emilia, parava, e todos tinham que atravessar o rio de barco e subir em outro trem que esperava na outra margem, já na Lombardia, para ir em direção a Milão.

Mas um dia, um ano depois de ter acabado a guerra, chegou outra carta, desta vez levada por um carteiro italiano: o marido da Bernardina, Armelio, o papai de

Gianni e de Marco, tinha morrido de tifo, aos 37 anos, e ela, somente com 28 anos, estava sozinha em Bérgamo, sem nenhum parente e com dois meninos, um de quatro anos e outro de dezoito meses, tendo também que trabalhar para sobreviver. Sorte que, única entre os filhos da Rita, tinha uma boa formação: era professora de escola primária. Naquela carta pedia ajuda à própria mãe e às irmãs, se podiam elas ficar com o menorzinho, o Marco, durante alguns anos, até que ficasse maiorzinho? Ela, com as duas crianças pequenas e o trabalho, não conseguia mesmo. Logo todas, com lágrimas nos olhos, falaram que estariam dispostas a ajudar.

A Rita, já com os seus 68 anos e uma tristeza sem fim, voltava a memória para o dia em que se tinha casado lá na Filizéina... Pensava agora na sua Bernardina, a mais jovem, a mais bonita e inteligente, lá em Bérgamo, em uma cidade quase estrangeira, com aquele dialeto tão diferente e áspero... Tão sozinha e longe da família... duas crianças... uma tão pequena... já sem o papai.

Pensava no seu Aniceto, pelo qual e com o qual havia lutado, que fazia anos que estava lá no cemitério. Sim, tinham tido oito filhos, mas uma morrera ainda jovem. Os outros sete estavam bem, mas com histórias diferentes. Duas, a Maria e a Anna, eram solteironas e parecia que até para esta última não havia muito que fazer. Outra, a Emília, era freira, esposa de Jesus. A Olga, porém, tinha quatro filhos e morava ali perto, na casa que era do Riccardo, sempre morando na França e que de vez em quando chegava para visitá-la com a esposa e algum novo filho: a última se chamava Jaqueline.

O marido da Olga teve que fugir depois da guerra porque era um conhecido fascista, e se os "partigiani" tivessem prendido ele... agora que eram eles a mandar... Depois tinha o Giuseppe, que se casou com outra conhecida professora, a Élena, com dois filhos, de oito e quinze anos. Ainda era uma grande família, mas na casa com ela só moravam a Maria, a Anna e o Secondo. Este era casado sem filhos em Bazzano, aonde ia todo sábado, de motocicleta, e tinha herdado a profissão do avô, trabalhando naquela grande mesa de madeira antiquíssima que ocupava quase toda a loja, onde ele brincava quando criança. Tantas coisas bonitas tinham acontecido... e tantas tristes... Coisas da vida.

Assim, em julho de 1946 tinha chegado o Marco, pequeno, pequeno, que já mais ou menos sabia andar, mas com duas pernas tão tortas, mas tão tortas!

"Vão se endireitar crescendo", dizia a tia Anna, que fora até Bérgamo para pegá-lo juntamente com a Gigetta, uma sobrinha de Armelio de 25 anos, de Savigno, onde todos os parentes e conhecidos tinham ficado abalados pela notícia.

Marco já demonstrava o seu caráter, e parecia que todas aquelas pessoas e o Castelletto não eram do seu agrado. Quando, logo que chegou à sua nova casa, alguém deu para ele um frasquinho colorido de perfume para que brincasse e ficasse um pouco distraído, ele o jogou com raiva no chão, estilhaçando-o todo! Mais tarde, quando tinha três ou quatro anos, passou também um fotógrafo ambulante que tirou aquelas imagens que ele sempre chamará de "os 23 marcolinhos" e mostram como as suas pernas estavam se endireitando.

Assim a Rita tinha herdado um novo filhinho para criar, mas a mamãe Dina sempre vinha com Gianni logo que podia: durante todas as férias do verão, no Natal, na Páscoa. Rita, já com quase setenta anos, vestia-se quase somente de preto e com um lenço na cabeça. Andava insegura por causa da artrose, mas de vez em quando andava pelos campos, com uma velha faca, para colher "streccapogn" e chicória.

Marco, já mais grandinho, ia à escola da cidade e aprendia muitas coisas, também com o primo Giuseppe, que era professor de grego e latim. Dizia então para a vovó que queria se envenenar, porque Sócrates também tinha se envenenado comendo aquela erva.

"Não, aquela não era a chicória, mas a cicuta", dizia para ele a tia Anna, que também sabia muitas coisas.

Mas a vovó Rita falava pouco, escutava as notícias da política pelo rádio que tinha comprado havia pouco tempo, pelo qual seguia a missa aos domingos, porque não conseguia mais caminhar até a igreja de Sant'Apollinare. Ela se interessava também pela política internacional, mas fazia um pouco de confusão entre Adenauer, presidente alemão, e Eisenhower, presidente americano, não entendendo como aquele "danado" conseguia sempre estar em todo lugar!

Pela política local, porém, ela se interessava bem mais e com maior emoção, e Marco lembra quando, talvez no começo dos anos 1950, aliada à farmacêutica da cidade, vendeu para ela um lote do seu terreno, aquele exatamente perto da "riva", à frente da descida para a "Fondazza", para que a "doutora" pudesse construir um bonito quartel para os Carabinieri (a polícia militar), que ainda está lá e que depois vendeu para o Estado, certas as duas de pregar uma bonita peça no odiado "partido dominante"... E assim foi mesmo!

Assim, quando o Marco começou a ver os famosos filmes de "don Camillo e Peppone", onde havia uma briga contínua e irônica entre o padre e o prefeito comunista, considerando a atmosfera que se vivia na cidade, ele profundamente acreditava que se passassem no Castelletto! Para não falar das critiquíssimas eleições políticas de 1953, quando, sempre muito tenso, na frente do rádio escutando os resultados da votação com o primo professor e influenciado pelas conversas e pelos temores dos adultos, fazia desesperadamente uma questão de vida ou morte a cada voto ganho pelo "partidão". Ou quando, sempre em 1953, morreu "Baffone" (o Bigodão), ou seja, o presidente soviético Stalin, aquele que prometeu chegar com seus cossacos para abeberar os próprios cavalos nas fontes da praça São Pedro em Roma. Naquela oportunidade Marco e os outros dois ou três "antissoviéticos" da terceira classe do primário foram para a aula decididos a celebrar o evento... e apanharam clamorosamente daquela dúzia de "vermelhos"... e Marco então sonhou que a vovó Rita chegasse lá no meio daquela revolução para defendê-los...

Para Marco era como se na cidade houvesse dois grupos, um maior e outro bem menorzinho, e cada um deles tivesse obrigação de acatar um "pacote de simpatias" que compreendia o chefe do Partido Comunista, Palmiro Togliatti, a União Soviética, o anticlericalismo (excluindo, porém, o fato de que no Natal, na Missa do Galo, estavam lá também todos os chefões comunistas), o falar dialeto e... o corredor ciclista Fausto Coppi. O segundo pacote incluía: o chefe do Partido Democrata Cristão, Alcide De Gasperi, os Estados Unidos, a Igreja, o falar italiano... e o corredor ciclista Gino Bártali! Somente Sofia Loren e a sua lindíssima antagonista Gina Lollobrigida não entravam nos pacotes: estas agradavam a todos!

Mas a vovó Rita, fora a política, preparava a massa na tábua todos os dias com seu rolo e de vez em quando puxava o pescoço de uma galinha gorda que sempre pendurava de cabeça para baixo, com as pernas presas dentro da gaveta da cozinha, enquanto sangrava pela boca, coisa que impressionava bastante o Marco. Também preparava a manteiga, ficando horas a bater com um garfo o creme de leite numa caneca. Marco seguia achando que conhecera muito mais coisas que ela, e, quando uma vez ela falou de não dar mais carne ao gato para não o acostumar, ele respondeu, bastante arrogante:

"Mas vovó, você não sabe que ele é um carnívoro?!"

Ela lhe dizia para ir à igreja, ao catecismo do dom Giuseppe, mas também para não escutar somente a ele, porque também a vovó e as tias diziam muitas coisas bem corretas.

A esse respeito, uma vez Marco, que devia ter uns seis anos, voltando do catecismo de Sant'Apollinare com um amigo e duas meninas — deviam ser a Gabriella do Tòcco e a Laura do Fabbricone —, começaram a brincar lá perto do Sartino, e não se sabe bem quem teve a ideia, mas pareceu boa: tentar levantar as saias das meninas para ver a cor das calcinhas. Eles conseguiram até bem. As meninas não queriam... mas nem tanto... e riam...

"Olha, a Laura as tem de renda preta! A Gabriella as tem brancas... e assim por diante." Ao chegar em casa, porém, Marco estava triste e desesperado. Estava voltando do catecismo, sabia que certamente havia cometido um pecado mortal! Iria direto para o inferno! Estava calado, calado e preocupado. A tia Maria e especialmente a vovó se deram conta disso porque nunca tinham visto ele assim. Então a vovó Rita pergunta, pergunta e repergunta... até que conseguiram que ele contasse o desastre, o pecado terrível que ele e o Giovannino tinham cometido:

"Nós levantamos as saias das meninas: da Gabriella e da Laura..."

A vovó, toda preocupada: "E depois? Depois o que fizeram?".

"Depois nada, só queríamos ver a cor das calcinhas, e depois elas correram e baixaram a saia de novo."

"Ah, tá bom", falou aliviada, "depois você vai se confessar para o dom Giuseppe, mas não tem que se sentir muito culpado; não é um pecado tão grave, Jesus já te perdoou. Pode ir dormir tranquilo."

Assim era a vovó Rita.

Outra vez o Marco foi se confessar com dom Giuseppe e, sendo que a vovó sempre lhe dizia para não falar dialeto, mas italiano, que ela sabia falar muito pouco, e o repreendia quando não obedecia, no final de contar todos os pecados adicionou também:

"Tenho falado dialeto".

"E então?", disse dom Giuseppe. "Eu o falo sempre também!"

"Mas a vovó sempre me diz para não fazê-lo..."

"Vai, vai que não é pecado... mas tem que rezar três Pai-Nossos, Ave-Marias e Glória para todos os outros pecados que você fez!"

Às vezes a vovó levava o Marco para o cemitério, lá perto de Sant'Apollinare, e o fazia visitar o túmulo do vovô Aniceto, que estava no chão, e rezar uma oração para ele.

"Como teria sido feliz o vovô de ficar aqui com você, para brincar, para te ensinar tantas coisas... ele gostava tanto de crianças!"

E depois aquele do bisavô Giosuè, que também era o papai dela, que contava tantas fábulas, tão bonitas que todos ficavam encantados a escutá-lo, que tinha participado da conquista de Roma, pela Brecha de Porta Pia.

"Você a estudou na escola, não?"

"Sim, estudei. Ele também estava lá?"

"Ele era um bom soldado, e mais ainda um excelente marceneiro. Era chamado 'Giosuà id mistrein', mestre marceneiro. Já faz muitos anos que morreu e está aí, embaixo da terra."

Mas os momentos mais bonitos eram as noitinhas no verão, quando todos estavam na "vággia", no serão, todos sentados nos bancos de pedra em frente à casa: a vovó, a tia Maria, a tia Olga, a tia Anna: às vezes vinham também Carlos e Luciano, os filhos do tio Giuseppe que moravam em outra casa bonita com jardim, do outro lado da cidade e também contavam tantas coisas. Carlo já estudava engenharia eletrotécnica em Bolonha e ia ser o primeiro engenheiro da família. Luciano, o menor, gostava muito de música e de dançar... dançava ritmos novos e estranhos como... o "spirú"! Ou ficavam lá todos, às vezes calados por muito tempo, aproveitando o friozinho da noite e olhando as estrelas... quantas estrelas! Aquele é o "grande vagão", aquele o "pequeno vagão", aquela a Estrela Polar, aquela a Via Láctea. Comunicavam-se tanto, sem falar nada, todos sentindo-se tão unidos. Se algum conhecido passava pela rua e cumprimentava, logo era convidado a sentar-se junto e ficava lá, tranquilo e contente, falando alguma coisa, se tivesse o que falar. Frequentemente esse alguém era o Giulio do Tòcco, já com mais de setenta anos, mas que contava todas as suas histórias de guerra, com o famoso Duque dos Abruzzi, em dialeto "al Dóca di Brózz", que também queria dizer o "Duque das carroças...". Só lhe faltavam os "bàscoi" (arreios), dizia, rindo. E, quando se encaminhava na direção da taberna, ou na direção de casa, ele ainda mostrava aquele passo militar típico do "bersagliere", que nunca perderia.

Às vezes, no verão, tinha também o tio Riccardo, vindo da França com a tia Margot e, talvez, mais alguém da família dele, como o filho Serse com a esposa Terezine, e então Marco, todo deslumbrado com aquela língua nova, procurava dizer as primeiras palavras em francês, juntamente com a mamãe e a tia Anna, que já sabiam falar um pouco. Uma vez Marco ficou bravo porque o tio Riccardo estava sustentando que o "Monte Bianco" pertencia também à França.

"Mas não, não pode ser, os Alpes são da Itália, são sua divisa."

"Mas também da França!", falou o tio.

"Mas depois, depois... chama-se Monte Bianco!"

"E nós o chamamos Mont Blanc!"

E Marco não sabia mais o que dizer, e foi aí que começou a entender que muitas coisas são relativas.

Mas a Rita sempre falava pouco. Pensava. Parecia mais pensar no passado. Não que fosse submissa ou medrosa, muito pelo contrário, ainda tinha um belo temperamento e não podia mais aguentar todos aqueles "vermelhos" que mandavam na cidade. E, quando ela duvidava que maltratassem o Marco porque já sabiam (e o gozado, como já falado, é que ele também sabia, aos seis, sete anos, não ser comunista!) que não era um deles, se atirava contra eles como uma fera:

"Façam de tudo, mas não toquem neste menino, o filho da Dina e do pobre falecido Armelio".

Também com ele não era sempre doce, aliás, "doce" não era nunca, mas o queria tanto... tanto de morrer. Isso não a impedia de repreendê-lo ou até de bater nele, quando fazia algo errado.

"Veim mo' ché, cat dag òna bancheda!", ou seja: "Vem aqui logo que vou te dar uma bela palmada no traseiro!"

E então Marco, depois de ter escapado um pouco, sabia que tinha que se entregar e deixar que a vovó o deitasse naquele banco de lavar roupa, com a bundinha para o alto, e aceitar sua merecida palmada. Ou quando escapava embaixo da mesa e ela o pegava à força, porque tinha chegado "Teresinha a bèlia", sua velha amiga de infância e vovó de Enea, que tinha vindo para a devida injeção.

Mas o momento de maior embate "diplomático" entre Marco e a vovó Rita aconteceu quando esta última, tendo lhe falado para ir comprar o pão, como sempre, lá no Mario, no forno da "Banda", e não tendo vontade de fazer isso porque a Banda estava um pouco longe, ou porque tinha vontade de brincar, respondeu com uma palavra que tinha ouvido por aí e que, para ele, parecia significar "Me deixa em paz agora... vou depois".

A palavra soava assim: "Sócc'mal!".

Meus Deus do céu! Não teve certamente explicações, nem eram certamente os tempos em que podia ser considerada a presunção de inocência... e chegou uma surra olímpica da qual ele se lembra até agora. Marco entendeu que não devia pronunciar aquela palavra nunca mais, pelo menos na frente de adultos.

Com o passar dos anos, começou a entender que aquela expressão, "quase um símbolo universal e pitoresco da cultura bolonhesa", muito usada, muito "osé", e até desvalorizada, aparentemente não era do gosto da avó Rita, como por outro lado tinha sido amplamente demostrado pelos fatos. Mesmo se muitos não conheciam (e ainda não conhecem) exatamente o significado daquela palavra, de fato é um pouco "suja" demais. O que naqueles tempos mais intrigava o Marco era o fato de que as mulheres, no lugar do masculino "*sócc'mal*", usavam a versão feminina "*sócc'mala*".

"Vai entender..."

Mas a vovó não esquecia nunca de lhe preparar uma gostosa "crescentina", que ele comia na escola no intervalo das dez, depois de tê-la esquentado naquele fogão a lenha da sala de aula. Também nunca esquecia, no almoço e no jantar, de dar-lhe para beber aquele meio copo de vinho "tarzanello", lembrando-lhe que "fazia bom sangue".

Marco nunca a viu chorar, nem quando (ele ainda estava na terceira série) soube que tinha falecido o tio Giuseppe. Talvez chorasse sozinha, no seu quarto, mas, com tudo o que tinha passado, sempre conseguia parecer forte e inabalável. Somente na cama, antes de dormir, se abria mais. Ela dormia num quarto bem grande, ele no quarto pequeno acima da cozinha, com vista para as fazendas da "Piana", do "Orto" e as colinas de "Marzola", que se comunicava com o quarto da vovó através de uma pequena porta. Então, antes de dormir, ela lhe ensinava as orações: o Pai-Nosso, a Ave-Maria, o Glória e o De Profundis.

Uma vez perguntou para ele:

"Se você pudesse ser uma pomba, para onde gostaria de voar?"

"Para a mamãe, em Bérgamo!", logo respondeu Marco, sem nenhuma hesitação, certo de que ela teria falado a mesmíssima coisa.

"Eu, em vez disso, voaria exatamente para Roma, em cima da escrivaninha do papa..." E Marco lembra que justamente no quarto da vovó, além do quadro de Santa Rita de Cássia, tinha também aquele de Pio XII. Lembra que finalmente, no Ano Santo de 1950, também a vovó Rita, juntamente com a tia Anna, foi ver o papa, ver Roma, como sempre tinha sonhado!

Mas o que o Marco via nela? É triste dizer, mas somente uma velha. Talvez uma velha querida. Talvez uma velha familiar e necessária como o oxigênio... mas afeto? Não sabia. Era a velha vovó, e nada mais: uma espécie de Befana. Até a leiteira tinha falado para ele quando tinha seis ou sete anos: "Mas, Marco, a Befana não existe. É a tua avó que te traz os presentes no dia 6 de janeiro". Ele só sabia que ela o queria bem e que ele também a queria... e ponto-final. Assim tinha que ser. Assim estava escrito. Quando observava ela se despir para deitar-se, ele via aquelas velhas coxas cheias de pregas e depois contava até para as outras crianças: "Sabe, o bumbum da vovó está todo cheio de pregas, de pelancas...". A mamãe, sim, era bem bonita!

Mas é possível que nunca tenha passado pela cabeça de Marco, que nunca passe pela cabeça também de todas as outras crianças, que, se a mamãe é bonita, a vovó, quando jovem, também era bonita... ? Ou talvez mais! Não, nunca. A vovó é uma velha e é como se sempre tivesse sido assim. Quando "sentiremos" de forma diferente?!

Mas a mamãe vinha tão pouco... E naquele 6 de janeiro, Dia da Befana, ela ia embora para Bérgamo, e para ele era o dia mais triste do ano, mesmo procurando consolo no presente recebido ou num belo jornalzinho todo novo do Mickey e do Tio Patinhas, que então custava oitenta das suas liras!

Depois para Marco chegaram os nove anos, terminou a quarta série. Como a mamãe tinha falado, até que enfim iria morar em Bérgamo com ela e o Gianni, para cursar lá a quinta... para ver se mesmo lá teria sido um bom aluno: "porque", dizia ela, "onde todos são cegos, quem tem um olho só parece um gênio!". Ele estava feliz, mas nem tanto. Talvez um pouco triste porque deixava os amigos, todo aquele ambiente, aqueles lugares que praticamente o tinham visto nascer. Mas a tia... a vovó... era natural deixá-las. Somente via o próprio futuro pela frente.

Quando Marco se encaminhou na direção do ônibus que levava a Bolonha, com a mamãe e com o Gianni, naquele agosto de 1954, a tia Maria, ela também já velha, o cumprimentava com lágrimas nos olhos, chorando lá perto do velho poço como quem vê um filho que vai embora para sempre. A vovó Rita tinha a cara enxuta, não chorava nada, mandou um curto abraço e virou as costas, talvez para não ser vista, se encaminhando para aquele velho pátio... para todo aquele seu passado... para aquele seu pouco futuro... só Deus sabe o que tinha no coração.

– IX –
"At deg bèin c'a gh'nò stantòt"

E assim veio o Natal de 1955, e os três Bartolini, Dina, Gianni e Marco, estavam lá, como sempre, para visitar os parentes do Castelletto. Marco se sentia bem importante, agora que era de Bérgamo, e só muitos anos depois se daria conta de que aquela casa com pátio na frente era, no fundo, muito mais bonita que o pequeno apartamento da rua Loreto, alugado pelo papai Armelio desde o começo dos anos 1940. Mas no fundo, ali, na cidadezinha, para ele eram todos uma espécie de subdesenvolvidos. Bérgamo, sim, era uma cidade rica e adiantada em tudo! Ele tinha, sim, um pouco de saudade daqueles lugares, que pareciam agora cada vez menores... mas muita saudade da vovó... não saberia dizer... Tristemente, quase uma obrigação. O que podia ser a vovó Rita a essa altura? Somente uma velha que antes ou depois deverá morrer...

Assim, Marco lembra que, sentados naquela otomana da sala de jantar, onde tanto tinha brincado quando criança, no 6 de janeiro de 1956, antes de viajar de novo para Bérgamo, estavam ele e o Gianni... a mamãe talvez estivesse trabalhando na cozinha, enquanto o gatinho tigrado cinza, sentado no colo de Marco, se deixava acariciar e, coisa inacreditável, bocejou diante do seu bocejo exatamente como um ser humano. Então, uma coisa que Marco lembrará para sempre, começou-se a falar de idade. Talvez a vovó Rita lhe tivesse perguntado quantos anos tinha.

"Onze", respondeu ele. "E você? Já deve ter oitenta!"

"Na, a gh'nò stantòt!", ou seja, "Não, eu tenho setenta e oito!"

"Tá bom... oitenta."

"At deg beim me c'a gh'nò stantòt!" "Te digo eu que tenho setenta e oito!", sublinhando a diferença.

Foi a última vez que a viu, e ela, a pequena querida Rita, nascida em 1878, nunca chegou aos oitenta.

Epílogo

Querida vovó Rita Ernesta, sou eu, o teu netinho Paolo, Marco de segundo nome, o filho da Dina, que já morreu há muitos anos, quem escreve estas pobres páginas. Você depois morreu, acho que em maio de 1957. Eu estava cursando o segundo ano do ensino médio, em Bérgamo, e a mamãe nos falou, com lágrimas nos olhos, mas como se fala, infelizmente, uma coisa bastante natural:

"A vovó morreu, e eu parto amanhã para ir ao enterro. Vocês não precisam ir porque têm aula. Sejam bonzinhos: já deixei todas as coisas a Gianni para preparar a comida. Daqui a dois ou três dias estarei de volta".

Agora que "anca me a gh'nò stantòt" ("eu também tenho setenta e oito"), moro do outro lado do mundo e tenho um filho, Giovanni, que tem trinta, que já se passaram 66 anos da tua morte e 145 do teu nascimento, dedico-te estas páginas, talvez a única pobre prova do meu Amor tardio.

Infelizmente tive quase que chegar à tua idade para compreender quem você era, o que você foi, que estava atrás de você, como de todos nós, uma menina que um dia, tantos anos atrás, chorou por uma boneca. Para entender o que você fez para mim, para minha mãe, para todos os outros. Para entender o quanto você me quis, também e especialmente quando me dava as palmadas, e o quanto você amou a sua família e a vida. Espero muito que, onde quer que você esteja agora, possa ler estas páginas, escritas e sentidas, infelizmente, com quase um século de atraso. Espero que outras crianças e adultos as possam ler e, se ainda não lhes aconteceu, possam pelo menos "sentir" o que está atrás de uma velha avó... e não somente atrás dela... que prepara em silêncio a manteiga batendo o creme de leite numa velha caneca, ou que anda pelos campos com uma velha faca para colher a chicória na espera, somente, de partir para sempre.

Hoje, para quem o teu nome ainda significa algo? Quem ainda nesta terra lembra de você, Rita? Eu, o meu irmão Gianni, agora ele também vovô, Carlo e Luciano, os queridos primos solteirões também já velhos, a Dirce, nora da Olga e viúva do Leandro, infelizmente falecido ainda jovem; depois a Edda, neta do irmão do Aniceto, que quando moça sempre vinha lá em casa com seus pais para jogarmos todos juntos "béstia", em cima daquela bonita mesa redonda que ninguém mais sabe para onde foi, quando a velha casa construída por Giosuè exatamente um século antes foi derrubada no início de 2000, juntamente com aquela dos "franceses", para deixar o lugar a dois prédios de apartamentos.

Depois, certamente se lembra de você o meu velho amigo de infância Enea Trebbi, neto da Teresinha, que, você deve lembrar, sempre vinha brincar comigo, e, em Savigno, somente a minha prima Lucía, agora com 87 anos, que foi hóspede na tua casa do Castelletto, onde, nos anos 1950, fazia o seu primeiro tirocínio para obstetra. Oito pessoas ao todo... e por quanto tempo ainda?! Daqui a poucos anos... mais ninguém.

Até o seu sobrenome Lucchi, que adquiriste do Aniceto, já está totalmente perdido, mesmo se ainda quinze viventes continuem levando como herança uma parte do vosso querido DNA... a única mensagem humana que sempre continuará.

E assim é, e será... para todos nós.

CIAO PAPÁ
e... Arrivederci, babbo!

– I –
As primeiras lembranças

Sempre soube que meu papai estava morto: assim pelo menos eu falava para todo mundo. Era, porém, como se falasse: "O meu papai é um morto", como sempre tinha sido, uma coisa assim tão óbvia e definida, como o ar que eu respirava. A primeira pessoa que me lembro que falava dele, antes da minha mãe, era minha vovó Ernesta, com quem eu fui viver, com muitas tias e primos, quando tinha apenas 18 meses. "Su pèdar l'era geómetra e al steva par passê inzgnir!" (seu pai era agrimensor e estava para tornar-se um engenheiro), dizia ela em dialeto bolonhês, para todo mundo que nos vinha visitar, sem se dar conta do absurdo, como se fosse possível passar de agrimensor a engenheiro somente por idade ou mérito de trabalho. A minha mãe ria disso quando eu lhe referia a frase: "Nossa! Ela diz isso mesmo?!".

Era professora; a mais novinha da família de oito filhos, e a única que estudou. Assim, aos 27 anos e após a morte de meu pai, ficou sozinha, com dois filhos pequenos, na cidade de Bérgamo, certamente pior que estrangeira na época para uma bolonhesa. Mas devo ter ouvido aquela frase sobre o *"inzgnir"* com cinco ou seis anos, mas antes disso?

Não me lembro, antes, de frases a respeito do meu pai que me impressionassem particularmente. Minha mãe sempre falou pouco sobre ele. Deve ter dito alguma coisa como: "Olha que o papai está lá no céu olhando para você, seja bonzinho".

Tinha uma foto de nós quatro, bonita, emoldurada, na cômoda do quarto dela. Ele, com pequenos bigodes, leves entradas, com aproximadamente 35 anos; ela, muito bonita, cabelo longo solto, com 25. Quando fui morar em Bérgamo, aos nove anos, essa foto era o meu contato diário com ele. Eu olhava para ela um pouco acanhado... Mas antes? Na verdade, ninguém falava dele, ou eram muito cautelosos ao fazê-lo.

Lembro na escola primária do Castelletto, no início do ano, quando a professora fazia a chamada e às vezes perguntava onde cada um tinha nascido. Eu, então, orgulhoso frente a todos os outros que vinham do Castelletto (uma aldeia na época de 1.500 habitantes), ou de outras aldeiazinhas limítrofes, dizia: "em Bérgamo", como se fosse a América! Certamente era um nome conhecido por poucos, ou somente pela professora. Talvez, já na época, o time de futebol Atalanta fosse mais conhecido do que a própria cidade!

Teria gostado se alguém perguntasse porque eu estava ali... mas ninguém nunca perguntava, e certamente a professora já sabia: minha tia Elena e minha prima Giovanna eram professoras na mesma escola; meu primo Giuseppe era professor de latim, mas em uma escola diferente. É provavelmente daquela época uma frase um pouco burguesinha do meu irmão Gianni que, com cerca de dez anos, me dizia: "Sabe, o papai ganhava bem. Fazia projetos de aviões, e se não tivesse morrido, seríamos quase ricos. Talvez, agora, poderíamos até ter um belo carro!".

Eu ficava de boca aberta: um carro! No Castelletto, somente o médico tinha um, e o Carlo Trebbi, papai do Enea, tinha dois, um "Fiat 1100" novo para os dias de festa, e uma velha "Balilla" para os dias de trabalho, porque era uma espécie de taxista.

Quando minha mãe e Gianni vinham me visitar no verão, sempre íamos para a "Palazza", a nossa velha fazenda lá em Samoggia, a mais de quinhentos metros de altitude. Lá tinha nascido o meu pai e o meu avô Giovanni, o bisavô Antonio e o pai dele Francesco, de apelido "Chicoti"[1], e assim todos os Bartolini. Depois, em 1916, de acordo com minha prima Maria, todos foram morar na "Palazzina" – praticamente em Savigno – quando o meu pai tinha somente sete anos e, lá em cima, na Palazza, permaneceu apenas um camponês. Me falaram que tinha também uma mulher chamada Guglielma, que cuidava das crianças... mas ninguém se lembra mais dela! Um nome agora perdido no tempo.

Aquela casa em ruínas e aquelas terras se tornaram nossas, minhas e de Gianni, mas não podíamos vendê-las antes que eu tivesse 21 anos... mesmo às vezes passando necessidades. Sim, nós éramos os patrões, mas lá tinha um "meeiro" que cultivava a terra com a sua família e que eu, em Bérgamo, brincando, tinha definido "três-quarteiro", porque, de acordo com a minha mãe, ele ficava com muito mais do que a metade das colheitas, como, em vez, teria sido por lei.

Lembro que mais de uma vez, para tentar empatar as coisas, Gianni antes de sair de lá, corria atrás de uma bela galinha e, quando conseguia pegá-la, me deixava

---

1 "Chicoti" em bolonhês lembra alguém que gosta bastante de vinho!

com muita inveja... e o meeiro, no final, tentava tirar o melhor e deixava que nós a levássemos embora.

Mas do papai alguém falava? Ninguém. Pouco falava dele o tio Francesco, seu irmão mais velho, que cuidava um pouco da Palazza, mas era presente em todo lugar. Quando encontrava alguém que não me conhecia, fosse em Castelletto, cidade da minha mãe, ou em Savigno, cidade do meu pai, ele estava presente e participava do... aliás era o... meu nome: "Lô, l'é al fiol dal pôvar Armelio" (ele é o filho do pobre falecido Armelio). Não tinha mais o que falar.

Mas, talvez naqueles anos do *inzgnir*, ou antes, aconteceu outra coisa que ficou na minha mente e, me pareceu, impressionou também os parentes: avó, tias, primos.

Meu tio Elio, casado com a minha tia Olga, foi um chefão fascista e, obviamente, no fim da guerra fugiu, não se sabe para onde. Não matou ninguém, mas talvez tenha dado alguma paulada ou óleo de rícino aos antifascistas. Depois, talvez em 1948 ou 1950, quando a Itália já estava (quase) pacificada, voltou.

"L'è turnà l'Elio, l'è turnà l'Elio" (voltou o Elio, voltou o Elio), ouvi todos gritando de alegria e correndo agitados na casa ao lado, onde vivia minha tia Olga com seus filhos. Por um instante, confundi Elio com Armelio, e corri também gritando de felicidade: "Voltou o papai, voltou o papai!". Logo que cheguei na frente dele, lembro que não gostei muito: alto, velho, magrelo e pálido, não era certamente a imagem idealizada que tinha do meu pai, mas ao mesmo tempo todos já tinham apagado o meu entusiasmo: "Mas, Paolo, não é o papai Armelio, é o tio Elio". Eu fiquei mudo. Hoje em dia teria sido desencadeada toda a psicanálise com seus anexos, talvez com razão. Na época ninguém falou mais nada e, a começar dos dias depois do acontecido até os futuros 65 anos, sempre fui somente eu a lembrar disto.

Chegando em Bérgamo, enfim morando com a mamãe, com nove anos, fui admitido na quinta série da escola "Armando Diaz", perto do prédio onde moraríamos sete anos depois.

O meu professor era o maestro Ivaldi, que também tinha sido professor do meu irmão, conhecido por cuspir pedaços de biscoito cheio de saliva nos cadernos que estava corrigindo, e por dizer sempre: "Quem está fazendo ooohh?", quando fazíamos barulho. Então alguém, do fundo da sala, começava verdadeiramente um infinito "Ooooooohhhhh", e ele ficava ainda mais bravo. Um dia ele passou uma redação com o tema "a coisa mais triste que você se lembra".

Muito bem, pensei, *chegou o momento de falar do papai*. Claro que eu sabia: não tinha havido um momento específico de tristeza para mim, porque sempre soube que ele estava morto e, para mim, isso era uma coisa normal, mas como eu sabia escrever relativamente bem, teria enganado o professor com uma "bela literatura". E, talvez, o meu subconsciente de então teria estigmatizado heroicamente aquela lembrança... que eu não tinha.

Fiz uma boa descrição "literária" começando pelo fato de que, efetivamente, eu nunca tinha conhecido meu pai e, portanto, nunca tive um momento especificamente dolorido. Chegou um dia em que, já maiorzinho, me comparando a outro menino que tinha pai, me senti profundamente triste e aquele tinha sido o momento mais dolorido da minha breve vida. Que bom, Paolo! Dois coelhos com uma cajada só: assim você finalmente vai conseguir exorcizar o passado e, certamente, tirar uma boa nota na redação. Que nada: quatro! E até que me explicou o velho Ivaldi, com uma certa lógica: "Mas como, Bartolini? Se você nunca o conheceu!"

Então eu fui embora com o rabo entre as pernas, mostrando a redação (e a nota!) para mamãe, seguro de ter todo o apoio dela e de ouvi-la gritar: "Que escândalo!". Ela leu com atenção e depois saiu com um moderado: "Mmmm... quem sabe porque enfim te deu quatro...".

Claro, havia também o meu irmão, que tinha quatro anos quando meu pai morreu e lembrava diversas coisas sobre ele. Por exemplo, que o levava, às vezes, para passear de bicicleta, e que estavam juntos quando a siderúrgica de Dalmine foi bombardeada, matando centenas de pessoas. Dalmine estava a cerca de cinco ou seis quilômetros em linha reta de onde moravam, era noite e dava para ver as explosões. Gianni, porém, como se fosse um festival da aldeia com fogos de artifício, gritava aos pulos: "Caem as bombas! Caem as bombas!".

– II –
A vida dele

Diversos parentes me falaram um pouco sobre a vida do meu pai, especialmente aqueles de Savigno, na província de Bologna, e do bairro "Palazzina", onde ele morava quando jovem. Gigetta, minha prima de Bellaria, filha do irmão dele Giuseppe, o mais velho dos três, era quem mais sabia, porque tinha cerca de 25 anos quando ele morreu.

Quando jovem, ele tocava o trompete na banda da cidadezinha. Depois, soube disso há poucos anos, ficou doente de tuberculose, doença que, na época, ceifava a vida de muitos jovens.

Sua mãe, minha vovó Gelsomina, que eu chamava de "vovó branca" porque, além dos cabelos grisalhos, encontrei-a uma vez toda suja de farinha, tinha gastado um bom dinheiro para mandá-lo alguns meses à beira mar, na Romagna. Era a cura da época e parece ter sido uma boa ideia, porque depois ninguém falou mais daquela doença. O "Mycobacterium tuberculosis" porém, em 1946, foi substituído pelo "Bacilo de Eberth", responsável pelo tifo.

Me parece que foi também soldado, porque lembro de uma foto dele com capacete do tipo colonial. Agora eu entendo bem porque, aos dezoito anos, passei sete meses com tuberculose no sanatório de Groppino: obviamente tínhamos que ter uma certa predisposição genética. Depois, como coisa que nos parecia estratosférica – e que era mesmo – chegaram as informações, sempre muito limitadas, a respeito dos seus estudos realizados por correspondência. Estudou em casa, conseguindo "diploma de professor de escola primária" e depois talvez de vários anos, aquele de Geômetra (agrimensor). Onde, como e quando, nunca ninguém falou e nem sei se eles sabiam. Tratava-se de coisas muito fora da média para os parentes. Também para ele, bem como para a mamãe, nenhum parente nunca tinha obtido um "diploma". Eu soube também, e certamente não foi mamãe que me falou, que ele a havia conhecido lá no Castelletto, ensinando, como professor substituto, naquela escola primária.

Neste caso, também, ninguém nunca falou qualquer coisa sobre onde, como nem quando. Sempre pensei se a escola era aquela onde eu também assisti às aulas, na Prefeitura Nova, que era também próxima à casa da minha avó, onde morava a minha mãe quando moça nos dias em que não estava em Bologna, no colégio das freiras, para frequentar o "Istituto Magistrale Laura Bassi".

Como deve ter sido o encontro entre eles? Talvez apresentados por algum parente ou por outra professora. Na época de fato eram professores os dois, ou quase. Ou talvez tenham se encontrado ao acaso.

Talvez tenham se conhecido depois que a minha mãe já tinha terminado o magistério, por volta de 1938? Ou talvez, ainda estudando no colégio, foi num dia em que ela, por alguma razão, estava em casa? Ninguém agora poderá saber mais nada sobre tudo isso: está enterrado com os dois e com muitos outros.

– III –
O encontro

Diria, querido papai, que você me acompanhou em silêncio pela vida inteira. Às vezes eu senti a sua presença. Talvez deveria tê-la percebido mais. Às vezes, tentando não recair em certos erros, eu pensava: "Não deveria fazer isto porque o papai não iria gostar".

Mas depois, infelizmente, este pensamento ficou mais raro. Também no esporte você me acompanhou um pouco. Quando, com cerca de dezenove anos, um pouco atrasado com relação à média, comecei a aprender a esquiar. Lembro que mamãe me falou: "Teu pai também esquiava... Mas com certos esquis que ele tinha construído, e com certas fixações". No entanto, você não quebrou a perna como eu fiz em 1970, tendo recém-terminada a faculdade. Você esteve presente também aquela vez (eu tinha mais de quarenta anos e talvez já tinha nascido meu filho Giovanni) em que eu estava subindo, com passos rápidos, aquela trilha que de Bellaria leva à nossa Palazza, quando parou um homem, de bicicleta, mais velho que eu, e me falou: "O senhor vai subindo esta trilha com o mesmo passo que tinha seu pai... caminha bem igual... Eu o reconheci na hora, sabe?!"

Aquela frase me surpreendeu muito, mesmo pensando que ele já devia saber quem eu era. Como pode alguém, depois de quarenta, cinquenta anos, reconhecer que sou teu filho pela minha maneira de andar? Mas, nunca se sabe, se vê que o "andar" tem suas características próprias.

Lembro agora quando Giovanni estava na escola média da "Eugenio Montale" de São Paulo, um funcionário da garagem me parou para dizer: "O seu filho anda exatamente como o senhor. É aquele, não é?", e indicou o Giovanni. E então, pensando naquela trilha, lembrei-me daquilo que a Gigetta me disse alguns anos antes de morrer.

A guerra tinha acabado. Talvez fosse fim de 1945 ou começo de 1946: era inverno e tinha muita neve. Você passou por lá à noite, um pouco tarde: voltava da Palazza depois de ter visitado na aldeia de Samoggia tuas primas, filhas de Federico, mas andava bastante depressa porque depois tinha que voltar para Bérgamo. Você parou em frente da casa para cumprimentar o teu irmão Giuseppe e as sobrinhas, e bateu na janela, mas todos eles tinham ido para cama porque fazia muito frio. E quando as moças correram para a janela, viram que você já estava descendo, na direção de Savigno, por aquela mesma trilha. Elas te reconheceram mesmo de longe e no meio da neve porque havia um bonito luar. Foi a última vez. Depois não te viram nunca mais.

Logicamente, quando criança e ia para Palazzina com Gianni, me falavam de você e de como tinha acabado morando em Bérgamo. A culpa (ou mérito) foi de Daniele, um vizinho que tinha ido trabalhar de cozinheiro em Presezzo, uma aldeia perto de Ponte San Pietro, província de Bérgamo. Depois, lá ele se tornou importante, chegando a ser prefeito. Até que a população não ficou com ódio dele por ter trazido o quartel de infantaria "Legnano", com centenas de soldados, para desespero das famílias com meninas casadeiras. Quartel este que tinha ficado ainda maior e mais famoso quando eu era um rapaz, e ninguém lá se lembrava mais do Daniele, que tinha voltado para a Palazzina fazia tempo. Então, é dele que eu soube que tinha arrumado trabalho para você na famosa "Caproni", fábrica de aviões militares. Devemos, portanto, a ele o fato de nós termos virado "bergamaschi". E aí, na Caproni, te mantiveram, te valorizaram e, graças a Deus, não teve que partir para a guerra. Aquele Bacilo de Eberth, porém, estava te esperando quando a guerra acabou, em 1946. E se os políticos, em vez de fazer guerras, tivessem se preocupado mais em desenvolver antibióticos – que, por exemplo, nos Estados Unidos já tinham derrotado esta doença – você teria ficado conosco muitos anos ainda. A mamãe sempre dizia isso.

Assim, como eu te falava, a sua presença me acompanhou discreta e delicadamente durante toda a minha vida. Quantas vezes eu pensei: "OK, mesmo sem pai consegui ter uma vida normal...". Quantas outras, porém, falei: "Mas então, em quantas coisas, nesta... naquela... sou um incapaz, para não falar uma verdadeira besta, exatamente porque nunca tive um pai!!"

No dia 31 de maio de 2014 eu te vi, ou melhor, vi os restos do seu corpo. Fui ao cemitério com Gianni e um funcionário chegou, mais ou menos na hora marcada, e abriu a pequena caixa que continha seus restos na nossa frente. Com luvas e com pinças te pegou, osso por osso, sem esquecer nenhum, até os menorzinhos, e te colocou em outra caixinha mais moderna, que será colocada junto ao túmulo da mamãe... da tua mulher Dina, com a qual você ficou somente sete anos.

Nem eu sei o que senti vendo aqueles ossos. Em um até toquei levemente com o dedo, para poder dizer a mim mesmo que eu te toquei. Como somos pequenos e insignificantes frente a essas coisas.

Verdadeiramente pequeno eu era quando você escreveu aquele poema de aniversário que encontrei em janeiro de 1990, na época da morte da mamãe, no meio de suas lembranças. Foi escrito em 12 de março de 1945, ela fazia 27 anos, você 36. Era assinada "O papai e Gianni, Vall'Alta" e dizia:

"Sii felice o mamma bella,	"Seja feliz mamãe bela,
Noi ti auguriamo o nostra stella,	Nós te desejamos, oh nossa estrela,
Niente sa dire Paolo piccino,	Nada sabe falar Paolo pequeninho,
Ma ti fará un sorrisino."	Mas vai te fazer um sorrisinho."

Eu tinha quatro meses e meio e espero o sorrisinho ter feito. Sem pensar nisto, espontaneamente marquei na minha agenda de 1993 que em abril tinha visto o meu filho Giovanni sorrir pela primeira vez. Tinha 4 meses.

Em 2016, passaram setenta anos da tua morte. O que permanece de você? Talvez muitas coisas, talvez poucas. Ainda estamos aqui Gianni e eu, também Barbara, Paolo e Giovanni (que se autodefiniu Giovanni III, depois de teu papai e meu irmão), e agora tem também o Luca, filhinho da Barbara, com cerca de sete meses: todos somos parte de você.

Hoje você teria 114 anos! Quem se lembra de você hoje? Gianni, em algum surto de memória. A Maria de Bellaria, tua sobrinha, irmã de Gigetta, que agora tem mais de oitenta anos, certamente é uma que ainda pode falar longamente de você. Quando te viu pela última vez devia ter no máximo quinze anos. Minha prima Lisetta... minha prima Lucia... não sei. Sim, certamente, a Lucia! Eu a revi esses dias em Tolé. Está com 85 anos, mas com a cabeça bem lúcida. Falou que você era um "gentleman", de muito bom coração, uma pessoa especial! Ela veio para Bérgamo quando tinha doze ou treze anos, acompanhada pelo pai Francesco, e permaneceu lá para ser babá do Gianni, e nunca te esqueceu. Falei sobre isso com a minha prima Maria de Bellaria que me falou, olha só, que uma vez, chegando em Savigno com Gianni, que na época tinha cerca de três anos, você disse que estava estudando engenharia na universidade. Mas então? Estava certa a vovó Ernesta quando falava do *inzgnir*! Depois, indicando Gianni, você disse: "Tenho que me apressar, ou ele vai ser engenheiro antes de mim".

E quem sabe... talvez se lembre de você algum velhinho ou velhinha que andam por Savigno, ou por Samoggia, ou por Tiola... talvez... mais ninguém. Mas eu, que agora tenho o dobro da tua idade, que poderia ser teu pai, gostaria de falar-te.

Mas não, o papai sempre é você: eu sou "um" papai, o papai do Giovanni, que sempre procurei, talvez pouco conseguindo, parecer com você, ou pelo menos, parecer com a ideia que eu tinha de você. Eu gostaria de encontrar-te lá no bairro de Loreto, na rua Loreto número 39, que depois virou 20, fora daquela portinha do "Campidoglio", onde eu nasci e onde também morei de 1954 a 1961, dos nove aos dezesseis anos.

Logo naquela entrada tinha também a caixa do correio, onde sempre espiava a chegada das minhas primeiras cartas e cartões postais, e que você tinha construído, com suas próprias mãos... Isso a mamãe me tinha falado. Nós moramos juntos lá de 1944 a 1946, subindo aquela escada, no segundo andar, mas quem se lembra?!

Tinha uma roda, no fundo do canal, que podíamos ver pela janela da cozinha. Uma roda de pedra com muitos degraus, que era movida pela água e que servia para moer sei lá o que, talvez as sementes para produzir o óleo e os painéis da fábrica do patrão, o senhor Previtali. E a água que caía na roda fazia muito barulho, dia e noite: demorei dias e dias para me acostumar, chegando do agreste Castelletto.

Você também deve ter sofrido com este barulho. Deve ter te atormentado nos primeiros tempos, depois que vocês alugaram o apartamento. Mas o que podiam fazer? Vocês eram um pouco pobres, estavam construindo uma família, em uma cidade quase estrangeira... esperavam um futuro... E tinha a guerra! Uma guerra terrível em Bérgamo que, exceto por Dalmine, não houve grandes combates ou bombardeios, mas havia muita fome e falta de tudo.

A mamãe sempre me falava que em 1944, antes de eu nascer, não era fácil encontrar pão, mesmo pão preto. Então você viajou para as montanhas, talvez para Vall'Alta, onde a mamãe dava aula e onde eu tinha outra "vovó" (esta é talvez a lembrança mais antiga que eu tenho!), e trouxe para casa sacos de castanhas compradas no mercado negro porque tudo era racionado. Como você conseguiu levar para casa aqueles sacos eu nunca soube... De ônibus? Sei disso somente porque a mamãe sempre nos contava quando crianças, que depois vocês comeram castanhas durante o ano inteiro! Aliás, nós as comemos porque, indiretamente, eu também as comi... deve ser por isso que eu ainda gosto tanto delas.

Mas eis-me aqui. Estou saindo da portinha do prédio e te encontro, te vejo, você está se aproximando, subindo a trilha do canal, da "serioletta". O que nós falamos? Nada, papai! Somente nos damos um abraço apertado e vibrante de homem para homem, como nunca tive em toda minha vida... e aquele homem é meu pai. Gostaria que não acabasse nunca. Por toda minha vida, eu senti a necessidade disto que eu nunca tive, o que sempre me faltou, mesmo nunca tendo percebido... e me dou conta somente agora.

Nós, dos Apeninos Bolonheses, somos talvez um pouco frios. Não com as palavras, mas acho que nos faltam as efusões físicas: talvez sejamos mais racionais do que parecemos. Silvio, meu amigo milanês falecido aos noventa anos, logo falou quando conheceu a mamãe em 1979: "Ela também, como você, parece que tem casca no corpo". E isto não era falado por um napolitano, mas por um milanês.

Os abraços da mãe não são como os abraços do pai, e ela também não me deu muitos. Papai, me perdoe, eu também nunca lhe dei muitos... desculpe, mas sinto vontade de chorar.

Sabe papai, lá no nosso quarto, que também foi teu escritório (lá se escutava menos o barulho da roda!), tinha todos os teus livros. Quando tinha dez ou doze anos, comecei a ler vários. Um deles, olha só, era uma gramática de inglês que eu estudava e me fascinava, para depois tentar entender esta língua também no rádio. E a mamãe me falou: "Quando o teu pai comprou esta gramática, não sabia se escolheria inglês ou alemão, dependia de quem ganharia a guerra. Se vê que acertou!"

E, assim, sabe o que eu fiz desde então? Estudei inglês; mas, aos dezenove anos, me mandaram para Alemanha e assim aprendi o alemão, e gostei. Aos 26, fui para os Estados Unidos e lá fiquei por quatro anos, aprendendo também espanhol. Voltei para Itália, permaneci por um ano e, em 1975, aos trinta anos, fui para o Brasil, onde ainda estou. Um cigano? Talvez.

Eu revia a mamãe todos os anos. Voltava até mais de uma vez por ano e nós escrevemos tantas cartas e fizemos tantos telefonemas... no aniversário dela, no Dia das Mães. Mas era pouco.

Uma vez, em 1985, ao telefone consegui dizer-lhe: "Sabe mamãe, lembre-se que eu te amo muito" e ela respondeu, comovida:

"Eu sei, eu sei. Acha que eu não percebo?"

"E eu gostaria de estar aí com você", falei, com as palavras falhadas pelas lágrimas.

"Vai ver que, talvez, você consiga voltar", respondeu triste, suavemente, mas sem muita convicção. Saiu de mim um "ciao" como um soluço. Quando ia visitá-la, ficava com ela por um mês e, quando chegava a hora de eu ir embora, ela começava a chorar escondido desde a noite anterior.

Você me perdoa, papai? Eu era assim, aparentemente frio e decidido, ou eu me esforçava para ser desse jeito. Ela sempre me dizia: "Você tem que fazer aquilo que você se sente melhor em fazer". Nisto, infelizmente, sempre lhe obedeci. As coisas estavam invertidas desde a infância, quando ela vinha me visitar no Castelletto nas férias com Gianni e, depois, quando ela ia embora, eu chorava o dia inteiro. O dia 6 de janeiro, dia da Befana, a velhinha que traz os presentes, era para mim o dia mais triste do ano. No dia 7 de janeiro recomeçavam as aulas e ela devia voltar para Bérgamo.

Claro, quando eu era bem pequeno e dormíamos juntos no Castelletto, lá no quartinho das maçãs, que dava para o galinheiro, ela brincava comigo em cima da cama e me abraçava tanto. E me chamava: "Stellina, stellona della mamma"... Me vem à mente agora a tua poesia e a "nostra stella". Mas depois ela ia embora.

Todos lá me amavam muito, a vovó, a tia Maria, a tia Anna, a tia Olga, o tio Secondo... mas ninguém nunca me abraçava e eu não sentia a necessidade disto. Talvez essa tenha sido a pior coisa: não sentir a necessidade.

Eu sempre tive um gato, até dois, às vezes. Os acariciava e os pegava no colo. Lembro-me de um cinza tigrado e de uma preta que quando me viam chegar lá no vinhedo corriam ao meu encontro, diziam "miau" e pulavam em mim. Era o único contato físico que tinha com um ser vivo. Depois, em frente na vida, agora também, eu sonho com gatos. Hoje talvez eu saiba o porquê.

Sabe, papai, até nos Estados Unidos me senti muito sozinho às vezes. Tinha uma noiva, foi com ela que eu aprendi espanhol. Mas depois de dois anos nos separamos para sempre. Lembro que senti então a necessidade de alguém em quem me refugiar. Pensei no meu irmão Gianni, forte e decidido... homem. Capaz de dar-me um tapa, se necessário. Não conseguia pensar em outros que pudessem me ajudar. Tinha necessidade de seu abraço, de sua força. Mas estava longe, uns dez mil quilômetros distante, então lhe escrevi uma carta, desabafando... somente para ele. Acho que depois ele deve ter falado também com a mamãe.

A memória daquele quartinho das maçãs agora me trouxe outra lembrança, um sonho que tive em 1985 e que me impressionou muito. Por isso eu o descrevi em algumas velhas anotações que, trinta anos depois, encontrei por acaso.

Sonhava estar ainda naquele quarto, onde durante anos, também no verão voltando de Bérgamo, dormi, especialmente li, e sonhei tanto, em frente daquela janela que dava por cima do galinheiro da vovó, mas que para mim era também aquela que dava para o mundo, para a América, para as fábulas, para o futuro.

"Eis aqui (escrevia em 1985) o meu futuro: sozinho como um cão". Olhava para baixo daquela janela, no sonho, e lá não tinha mais galinhas nem a marcenaria do tio Secondo, construída depois, mas tinha crianças que jogavam futebol... talvez eu estivesse entre elas. Mas eu estava na janela e segurava em meus braços uma moça estupenda, doce, por quem eu estava apaixonado e que me amava... mas que eu devia, tinha necessidade, de jogar pela janela. Mas, se eu a tivesse jogado, as crianças teriam visto que eu a matara... teria sido culpado, passaria a vida toda na cadeia. Por outro lado, não podia não jogá-la. Gostava dela, amava-a, mas devia jogá-la. E, em um impulso, a joguei... E então acordei, feliz que tivesse sido apenas um sonho. Menos feliz fui quando, anos depois, tentei interpretá-lo.

Mas, pensando melhor, não é verdade que nunca recebi abraços "de homem". Comecei a receber alguns bons em 2009, de meu filho Giovanni. Voltava em outubro da Itália, já com a depressão avançando, mas ele ainda não sabia. Encontrei-o no campo de futebol do Parque Villa-Lobos, onde estava jogando com os colegas do Liceo. Tinha dezessete anos. Chamei-o, ele me viu, interrompeu o jogo e correu feliz ao meu encontro dando-me um forte abraço, como nunca havia recebido. Infelizmente isto interrompeu somente por um pouco a minha doença, uma das piores que eu tive e que continuou progredindo. Estava destruído, maltratava a minha mulher Keiko, que me amava, maltratava também Giovanni, não conseguia mais ter vontade de viver. Sabe que uma vez, na garagem, estava tão inerme e vulnerável que abracei meu filho como se fosse você, papai.

Talvez tenha se dado conta e não recusou o meu abraço... mas quase. Pareceu distante. O que queria eu? Que ele também chorasse? Entendi. Ele agiu bem. Um pai deve ser um pai, não um amigo, não um filho. Entendi, dentro de mim agradeci e não fiz mais isso. Mas agora, mesmo mais velho que você, muito mais velho, sou eu, sempre teu filho e não sabe quanto eu preciso do seu abraço, babbo![2]

---

[2] "Babbo" é o verdadeiro termo que eu usava quando criança para dizer papai. É um termo perfeitamente italiano, de etimologia latina, usado mais no centro da Itália (regiões Emilia, Toscana, Marche). Claramente, para nós de Bolonha, tem uma força sentimental especial.

– IV –
O que está fazendo agora? Vem comigo, caminhamos um pouco juntos...

E você, o que me diz agora? Onde você esteve todo este tempo? Quase oitenta anos. É verdade, já faz 33 anos que a mamãe está com você, a tua Dina. Deve ter ficado contente. Mas antes, aqueles 45 anos sem nenhum de nós, como foram? Me falavam: "O papai está no céu...no Paraíso". Certamente, se você não estivesse lá, quem poderia estar?! Mas tenho dificuldade em pensar que você estivesse feliz. Como somos pequenos, como não entendemos nada! Quero pensar que você esteve perto de mim durante toda a minha vida, mas como é difícil crer nisso.

Venha comigo, caminhamos um pouco juntos. Olha o velho "Campidoglio", o nosso prédio, ainda está lá, meio repintado, mas no fundo está igual a como você o conhecia. Olha lá em cima, a janela da nossa cozinha. Parece que vejo a mamãe olhando para baixo, me chamando. Você também deve ter olhado por aquela janela. Agora, a partir de 1961, ou seja, faz 62 anos, outras pessoas que não conhecemos moram lá, mas acho que elas também devem "sentir" a nossa antiga presença.

Vamos um pouco mais para lá ao longo da rua Loreto... a escadinha de mármore, que leva até a casa do sacristão, ainda é a mesma. A antiga igreja da Virgem de Loreto, também está igual a quando você me levou ao Batismo. Até o canal, o Sério, ainda é igual, tem aquele parapeito onde a mamãe sempre me falava para não ir, para ficar longe, a água é perigosa às vezes. Falava-se que alguém tinha caído lá dentro. Também uma irmãzinha sua, de quatro anos, morreu lá no açude da Palazza, não?

Ah, você sabe, aí no Sério, nos anos 1960, eu e mais outros três amigos do Campidoglio construímos uma jangada e navegamos neste canal até lá no fundo... nos bosques. Todas as mulheres, aquelas que nós chamávamos de "gansas do Campidoglio"[3], nos acompanharam na inauguração da jangada, criticando preocupadas. Mas na verdade, estavam também fascinadas e ficaram olhando talvez com um pouco de... admiração.

Me pareceu ser até inveja. Quem não gostaria de ter feito aquela façanha?! Sabe papai, se não estou enganado, me parece que a ideia foi minha. Deve mesmo ter sido minha, porque nem pensei em como poderíamos voltar. Não pelo rio, porque a correnteza era forte e aqueles paus que nós queríamos usar como postes eram totalmente ineficientes. Assim, na volta, tivemos que carregar a nossa obra nos ombros: um esforço enorme... e a madeira molhada com os galões de metal, como pesavam! Nunca mais navegamos, mas aquele quilômetro ou dois de navegação na "floresta", para nós, ficaram para a história.

Você pode ver agora a praça do átrio com os postes de mármore na frente da igreja. Ainda é a mesma, até em cima na rua Broseta, mas a direita há também a igreja nova, bem maior, mais moderna, mais bela, dizem... Para mim, não parece tanto. E para você? Agora também

---

3 Campidoglio (Lat. Mons Capitolinus) é uma das sete colinas de Roma onde, no quinto século a.C., foi construído o templo de Júpiter. Em 390 a.C. as gansas, mantidas no recinto sagrado, com seu grasnar barulhento alertaram, à noite, que havia a invasão dos Gauleses, que assim foram derrotados. Desde então, são considerados animais sagrados. No atual uso popular, porém, chamar uma mulher de "gansa" é como defini-la "estúpida"!

não há mais aquele bonde trepidante, barulhento, que ia até Ponte San Pietro, o número 8, que você tomava para ir ao trabalho: agora tem vários ônibus, "mais ou menos" velozes. A Cidade Alta ainda está lá em cima na colina, como aos teus tempos. Daqui não se vê bem Borgo Canale, mas se vê Sudorno, que na rua está um pouco depois.

Sabe, papai, que lá na rua Borgo Canale, no número 16, perto da casa onde nasceu o famoso compositor Gaetano Donizetti, temos um pequeno apartamento? Eu o comprei especialmente graças à venda da Palazza, em 1986. Agora está todo reformado, tem uma vista fantástica e Giovanni mora lá com o amigo dele, Giuseppe, e estuda arquitetura em Milão.

Aliás, agora está lá também a Keiko, que veio visitá-lo para que ele não fique sempre sozinho. Ela, que também gosta muito de Bérgamo e da Itália, veio para ficar mais ou menos um mês; ela cozinha muito bem, quase melhor que a mamãe. Foi Keiko, com a sua paciência e seu amor, que me ajudou a sair daquela depressão bem feia. Como eu gostaria que você ficasse um pouco conosco, papai, mas você não pode, não é verdade? Você tem que voltar lá com a mamãe. Não passarão muitos anos e nós também estaremos lá em cima, eu e Gianni, e ficaremos todos juntos. Deve ter uma vista bem bonita lá em cima também! Mas eu ficarei bem triste de deixar a Keiko e o Giovanni... Mas é assim... uma roda que não para nunca de girar.

– V –
O tempo perdido

O que você lamenta mais por não ter vivido conosco depois que se foi? Imagino que seja não ter estado presente no nosso primeiro dia de escola. Não nos ter ensinado matemática, desenho, arte em madeira: sei que você era muito bom nessas coisas. Ainda temos os móveis que você fez em nosso apartamento da Cidade Alta.

Eu, em desenho, também em matemática, para não falar da carpintaria, sempre fui um bronco. Gianni é bem melhor. Você deve ter ficado triste em não ter participado da celebração das nossas formaturas e diplomas, e nós sentimos tua ausência também; assim como sentimos falta dos teus conselhos e também das tuas broncas, quando necessário, em nossa adolescência... e até depois. Você teria gostado de acompanhar os jogos de futebol de Gianni. Sabe, ele foi um da "primavera", do time da Atalanta. Eu, por outro lado, sendo um desastre no futebol, me dediquei ao ciclismo.

Uma vez, com um amigo, fui até Cremona, Piacenza e voltamos em um dia! Cerca de cento e oitenta quilômetros. Acho que você deve ter visto tudo também de lá de cima. Mas você teria gostado de estar em nossos casamentos e nós também teríamos gostado que estivesse. Gianni se casou em 1977, eu o fiz muito mais tarde, quando meu filho já estava na faculdade... sempre fui bastante besta em certas coisas...

Agora, porém, está tudo certo e o meu casamento com a Keiko está registrado na prefeitura de Bérgamo. Estamos fazendo os documentos para que ela possa obter a cidadania italiana. Pensa, quando eu não estiver mais aqui, sem a cidadania ela nem poderia vir para a Itália e ficar mais de três meses com o filho. Que leis fazem agora na Europa!

Acho que você teria gostado também de assistir à minha defesa de tese para a "Laurea in Chimica", lá em Pavia, em 1969, ou quando Gianni foi nomeado "Maestro del Lavoro", nos anos 1990. Sabe, ele trabalhou muitos anos no campo da segurança no trabalho em uma indústria química que está entre as mais terríveis e perigosas. O trabalho dele foi elogiado e reconhecido, e agora ele dá aulas em escolas de nível superior falando da importância desta atividade.

Depois, estou certo de que você teria gostado de ser o avô dos teus três netinhos Barbara, Paolo e Giovanni. Agora você seria também bisavô: faz pouco tempo que nasceu o Luca, filho da Barbara, em Viena. Poderia ver que até a língua alemã virou "boa" e, graças a Deus, a guerra e todos os aviões que Mussolini mandava vocês construírem são somente uma antiga lembrança. Você não vai acreditar, mas a Itália, Áustria e Alemanha e até a França são quatro estrelas da mesma bandeira europeia! Mas isto não impede que ainda briguem bastante. Mas guerra... chega! Mesmo tendo sempre alguém que gostaria que ela voltasse.

O que teria esperado de você? Do que eu senti mais falta, além das coisas que já mencionamos?

Antes de qualquer coisa, teria gostado de ver você com a mamãe, assim, todos os dias. No almoço e jantar, no domingo indo para a missa, à noite indo ao cinema, no verão à praia ou montanha. Fomos à praia com ela algumas vezes, mas frequentemente percebemos que se sentia muito sozinha e triste. Você teria vindo com ela me visitar nos Estados Unidos, e depois no Brasil: eu teria ficado bem feliz em ser seu guia.

Talvez teria gostado do nosso sítio aqui no meio da mata brasileira. No fundo você também vem do campo e certamente gostaria das nossas vacas, bezerrinhos, gansos, cavalos e muitos, muitos passarinhos de todas as espécies. Talvez também daqueles lagartos enormes que parecem jacarés e daquelas cobras que, no fim das contas, também são filhas de Deus.

Eu gostaria que você ensinasse tantas coisas a Giovanni, que não está para passar "inzgnir" mas, esperamos, "architatt".

Eu sei o que você passou com a mamãe nos duros anos da guerra. Foi procurar sacos de castanhas nas montanhas e, me parece, nunca teve carteira de motorista. Se você não tivesse nos deixado tão cedo, também teria tido carteira... também teríamos tido, como dizia Gianni, um belo carro. Assim você teria nos ensinado as noções básicas de direção.

Mas o teu lugar, para me ensinar isto, foi tomado por Gianni. Ele me deu ótimas aulas, às vezes me xingando um pouco, lá em 1963, quando eu tinha dezoito anos. Sim, a mamãe logo quis que eu tivesse a carteira, mesmo não tendo ainda o dinheiro para um carro, que eu acabei comprando usado de Gianni, em 1967: um FIAT 500, cor "grigio-topo" (cinza-rato), quando já estava no terceiro ano da faculdade, aos 23 anos.

Eu também, acho que em 2010, ensinei Giovanni a dirigir aos dezoito anos e fiquei bem feliz de fazer isto. Ele me acompanhava e obedecia como nunca, e aprendeu rapidamente. Acho mesmo que ensinar a conduzir um carro, como a nos conduzir a vida, seja uma das coisas que gostamos que venha do nosso pai.

– VI –
Arrivederci babbo!

"*Paolo, me fala o que você fez na vida. O que te deixa orgulhoso? O que te deixa arrependido?*".

Resposta difícil, papai. Uma vez ouvi uma frase, de um poeta ou filósofo, que dizia: "No final vocês não serão julgados por aquilo que fizeram na vida, mas por aquilo que vocês fizeram em cada momento da vida!".

Frase terrível, mas talvez verdadeira. Foram muitos os momentos em que eu fiz coisas erradas. E, quando me dei conta que eram erradas, tentei não fazê-las mais. Mas, especialmente, tentei não fazê-las quando percebi que tinha feito alguém sofrer. Minha maior tristeza foi quando, depois de muitos anos, repensando o passado, percebi que tinha machucado alguém, mas que não tinha mais nada que poderia ser feito. Fui frequentemente egoísta, às vezes bem vaidoso. Talvez, por causa deste meu jeito, pareci frio e antipático, de maneira que, mesmo quando tentei ajudar os outros e amá-los, eles nem se deram conta. Frequentemente, quando procurava me aproximar, me evitaram.

Sempre fiz um trabalho que me permitiu estar no meio dos jovens e tentar educá-los, dentro das minhas possibilidades, para a ciência e para a vida. Queria ser um verdadeiro cientista, e não me arrependo de querer, porque ainda acho que precisamos sonhar alto, até acima das nossas possibilidades. Dizia um: "Não sabíamos que aquilo era impossível... por isto conseguimos realizá-lo".

Você também, nascido camponês na Palazza, já estava se dirigindo para ser *inzgnir* e estou certo de que teria conseguido.

Na realidade, eu fui um pesquisador "médio"... quando não "medíocre", mas sempre trabalhei muito, honestamente, com entusiasmo e, absolutamente, sem ser escravo do dinheiro e nem tê-lo procurado.

Crer espontaneamente em Deus nunca me foi fácil. Porém, trabalhando em campo científico, sempre estive certo de que há alguém ou algo superior a nós. É evidente, não precisa de demonstração, somos demasiado pequenos e imperfeitos. Como dizia Sócrates: "Só sabemos não saber".

Quando chegar o meu último respiro, se me der conta, me entregarei a um pai para que me leve de volta consigo e vai ser bem difícil para mim distinguir você do outro bem maior, que também está no céu. No fundo, não por minha culpa acho, nunca conheci bem nenhum dos dois, mas sempre quis crer no amor deles, e estou certo não estar errado.

Mas você, papai, ainda não falou quase nada. O que me diz? O que você me conta de lá, de onde está agora com a mamãe, com a tua mamãe e com o teu papai e tantos parentes e amigos? Já faz tantos anos! Como é a existência de vocês? Vejo que está com os olhos brilhantes.

Estava lendo sobre um filósofo estoico que dizia que não temia a morte, porque é somente ausência de vida, como era ausência de vida a nossa condição antes de nascer, e certamente não era dor. Mas então? Não há nada mesmo?

"Querido Paolo, caro filho. Você para mim ainda é aquele do 'sorrisinho', de quando tinha 4 meses. Tenho dificuldade em te reconhecer como é agora, mas eu te amo como então. A nossa existência não posso explicar para você, porque nunca

conseguiria entendê-la. Como você sempre fala, vocês são muito, muito pequenos, mas é diferente daquela que era a nossa antes de nascer.

Na nossa vida, também na minha breve vida, aprendemos uma coisa que nunca morrerá e que antes de viver não conhecíamos, você o lembrou antes: é o Amor! E isto nos fará existir para sempre. Ciao, 'Paolo pequeninho' e Arrivederci!!"

"*Arrivederci babbo.*"

"... Quando nos encontramos no declínio da vida é imperativo procurar colher o mais possível das sensações que atravessaram este nosso organismo.

Para poucos será possível fazer assim uma obra-prima (Rousseau, Stendhal, Proust), mas para todos deveria ser possível preservar de alguma forma alguma coisa que, sem este pequeno esforço, seria perdida para sempre. O fato de manter um diário ou de escrever em uma certa idade as próprias memórias deveria ser até um dever 'imposto pelo Estado': o material que seria acumulado depois de três ou quatro gerações teria um valor inestimável; muitos problemas psicológicos e históricos que assombram a humanidade seriam resolvidos.

Não existem memórias, mesmo escritas por personagens insignificantes, que não contenham valores sociais e pitorescos de primeira qualidade."

das: Memórias de Infância,
de Giuseppe Tomasi di Lampedusa

FONTE Marco
PAPEL Polen Natural 80 g/m²
IMPRESSÃO Paym